河南省科学院出版经费
智慧中原地理信息技术河南省协同创新中心课题（2006A001）
河南省基础与前沿技术研究项目（162300410063）
河南省第一次全国地理国情普查项目

基于地理国情监测的农业自然资源综合统计与分析研究

——以河南省黄淮平原为例

◎ 邱士可 杜军 马玉凤 熊长喜 编著

中国农业科学技术出版社

图书在版编目（CIP）数据

基于地理国情监测的农业自然资源综合统计与分析研究：以河南省黄淮平原为例 / 邱士可，杜军，马玉凤编著 . —北京：中国农业科学技术出版社，2017. 11

ISBN 978-7-5116-3392-7

Ⅰ. ①基… Ⅱ. ①邱… ②杜… ③马… Ⅲ. ① 地理—监测—作用—农业资源—自然资源—统计分析—研究—河南 Ⅳ. ①F327.61

中国版本图书馆 CIP 数据核字（2017）第 291921 号

责任编辑 崔改泵 李 华
责任校对 贾海霞

出 版 者 中国农业科学技术出版社
北京市中关村南大街12号 邮编：100081
电　　话 （010）82109708（编辑室）（010）82109702（发行部）
（010）82109709（读者服务部）
传　　真 （010）82106626
网　　址 http: // www.castp.cn
经 销 者 全国各地新华书店
印 刷 者 北京建宏印刷有限公司
开　　本 710mm × 1 000mm 1/16
印　　张 12
字　　数 181千字
版　　次 2017年11月第1版 2017年11月第1次印刷
定　　价 86.00元

内容简介

本书以地理国情普查与监测数据成果为基础，结合专业部门的社会、经济、环境等数据，围绕国家和区域重大战略部署和重大工程实施进行综合统计分析，实现最终成果向应用的深度转化。本书共分9章，以地理国情普查数据为基础，充分利用地理国情基本统计成果，并与社会、经济等相关部门数据深度融合，从资源禀赋、资源空间分布、资源开发利用程度3个方面进行测度，构建河南省黄淮平原农业自然资源综合统计分析指标体系。从地理空间的角度，通过纵向分析、横向分析、类比分析等方法，揭示各区域内资源与人口、经济、社会等要素在地理空间上的相互作用、相互影响的内在关系，从而综合评价出区域农业资源分布特征与利用程度。

本书可以为从事国土资源、区域开发、农业生产等部门的管理人员，以及地理学、区域规划、资源开发、地理国情监测等科研人员和大专院校有关专业师生提供参考。

《基于地理国情监测的农业自然资源综合统计与分析研究——以河南省黄淮平原为例》

编著委员会

顾　　问：程鹏飞　刘纪平　刘济宝　宋新龙

王　伟　董　春　翟　亮　宁晓刚

主 编 著：邱士可　杜　军　马玉凤　熊长喜

副主编著：王　超　李洪芬　李双权　胡婵娟

刘　伟

编著人员：闫丽洁　郭　雷　李世杰　孙婷婷

张继红　郝利民　宋立生　巩文翰

杨青华　张　淼　刘　勋　陈　鹏

高　峥　王玉钟

前　　言

农业资源是人类实现社会经济持续发展的重要依托，一般包括农业自然资源、农业社会经济资源和农业生态环境3个方面。农业资源禀赋、分布、利用特征对制订区域发展战略具有重要的影响，且常能为包括人类在内的整个自然界提供良好的生态环境与生存条件。任何一种农业资源在空间分布上呈现出明显的地域特征，在时间分布上表现出显著的节律性。随着科学技术不断进步，农业资源的用途将会被进一步挖掘和开发，但对农业发展而言，农业资源的整合性和有限性，必然要求人类对其资源进行合理和科学的配置。加强区域农业资源的综合评价、农业发展格局建设是前期预警机制与农业规划的主要内容，对我国农业可持续发展起到积极的作用。

随着我国工业化和城市化的快速发展，以及人口的快速增长，对区域农业生态环境的威胁效应以正回馈形势发展。农业环境恶化和景观格局的改变可能引起农业服务价值降低及农业生态系统健康水平改变，对我国农业经济的持续发展会造成很大的威胁。农业资源，特别是那些受人为干预强烈的农业资源，经常处于动态变化之中。对农业资源的数量、质量和时空分布进行的综合评估，在于从中分析和掌握空间分异规律、变化趋势及原因等情况，以便及时调整资源利用方向，利用政策和管理措施更好地利用和保护农业资源。

地理国情是空间化、可视化的国情信息，是基本国情的重要组成部分。地理国情监测将对传统的测绘技术实现质的发展：功能上从对地图的测量与绘制到国情的监测与分析，时态上从对地表形态单一时间的静态量测到地表过程的动态监测，结果上从提供空间数据到基于数据的国情信息与分析结果。

河南省粮食生产核心区以黄淮平原、豫北豫西山前平原和南阳盆地三大区域的95个粮食主产县作为核心区主体范围，占全省耕地面积的87.69%，其中黄淮平原占全省耕地面积的64.67%，成为粮食生产核心区的主产区。综合分析评价黄淮平原区域资源分布特征及利用程度，明确地表自然资源的优劣势及开发潜力，对促进区域资源合理配置，保障区域粮食和生态安全具有重要的指导意义。

本书以河南省2016年地理国情专题综合统计分析成果为基础编制而成，全书共分为9章。第1章介绍农业自然资源概念、特点及国内外研究与发展现状。第2章介绍农业自然资源综合统计与分析技术体系，包括总体技术流程、指标体系及统计分析单元划分。第3章介绍农业自然资源综合统计分析技术方法，包括数据（国情普查、专题、遥感）处理、指标计算方法。第4章介绍植被（农田）生物量和生产力估算的遥感技术，基于生态过程模型对研究区植被（农田）进行了生物量、净初级生产力、蒸散发遥感估算。第5章从地形地貌、土壤分布、水文条件、农业气候4个方面综合分析研究区自然资源禀赋空间分布特征。第6章从自然地块、地表水资源、耕地资源3个方面综合分析研究区地表自然资源空间分布特征。第7章从耕地压力指数、相对承载力两个方面综合分析研究区地表自然资源利用状况。第8章从资源禀赋、资源分布、资源利用角度综合评价研究区地表自然资源丰度空间分布特征。第9章对耕地资源分布存在的问题进行专题研究和评估。

本书编写分工如下：第1章为邱士可、杜军、熊长喜编写；第2章为邱士可、杜军、马玉凤编写；第3章为熊长喜、王超、郭雷、刘伟编写；第4章为杜军、李双权、胡婵娟、李洪芬编写；第5章为马玉凤、邱士可、闫丽洁、郝利民编写；第6章为杜军、邱士可、王超编写；第7章为李洪芬、宋立生、王超、孙婷婷编写；第8章为邱士可、杜军、马玉凤编写；第9章为杜军、邱士可、王超编写。全书由邱士可、杜军、马玉凤负责统稿。

地理国情监测理论与技术发展刚刚起步，应用实践方兴未艾。本书是地理国情普查成果在资源评价中的综合应用，在模型和方法上力求科学性和实用性。由于作者的能力和掌握的材料有限，本书难免会有不妥之处，敬请专家和同行批评指正。

编著者

2017年8月于郑州

目　　录

1　绪　论

1.1　研究背景与意义

进入21世纪后，农业的基础性地位得到了进一步加强，农业的功能已经发生了根本性转变。从传统性食物保障、原料供给功能扩展到环境保护、文化体验与传承、休闲娱乐与观光等高层次的功能。立足区域资源基础和总量特征，统筹谋划农业发展思路，拓展农业领域，建立有利于资源优势发挥和利用战略体系，形成适宜于资源特征的资源利用技术模式，对于推进社会主义新农村建设，形成区域特色显著的现代农业新格局具有重要实践价值。

以科学发展观为指导，贯彻落实中央1号文件精神，用现代农业生产技术体系改变农业生产方式，提升农业生产水平，促进农村社会经济快速发展，推动我国社会主义新农村建设是我国农业在今后较长时期的重要目标任务。要完成和实现这一重要目标任务，必然要求各区域立足地区农业资源基础，认真分析和评价资源特征，明确资源优势和不足，结合区域经济发展方向，建立资源优势向社会经济发展优势转化、资源利用与产业体系建设结合、区域经济快速发展与资源保护和有效利用相结合的战略对策。

任何一种农业资源在空间分布上呈现出明显的地域特征，在时间分布上表现出显著的节律性。随着科学技术不断进步，农业资源将会被进一步挖掘和开发，但对农业发展而言，农业资源的整合性和有限性必然要求人类对其资源进行合理和科学的配置，因此，加强区域农业资源特征的调查研究，掌握农业资源基础状况，了解农业资源利用现状与发展方向，立足资源合理开发和保护并重，同时，建立有效的农业资源评价体系，提出农业资源高效利用的战略途径，成为提高区域农业资源利用效率，解决农业资源区域性、季节性供需矛盾，实现农业资源可持续利用，全面推进区域农业经济稳定发展的必然选择。

2009年8月，国家印发实施《河南省粮食生产核心区建设规划》。《规划》以黄淮平原、豫北豫西山前平原和南阳盆地三大区域的95个粮食主产县作为核心区主体范围，根据此次地理国情普查数据统计，河南省粮食生产核心区占全省耕地面积的87.69%，其中黄淮平原占全省耕地面积的64.67%，成为粮食生产核心区的主产区。综合分析评价黄淮平原区域资源分布特征及利用程度，明确地表自然资源的优劣势及开发潜力，对促进区域资源合理配置，保障区域粮食和生态安全具有重要的指导意义。

1.2 农业资源研究进展

1.2.1 农业资源的内涵发展

在一定技术、经济和社会条件下自然界存在的能被利用作为农业生产原材料的物质和能量来源，称为农业自然资源。农业自然资源一般指天然存在的自然物，不包括人类加工制造的产物。农业自然资源主要包括气候资源、水资源、土地资源和生物资源。农业自然资源不仅能作为农业生产的基本资料和劳动对象为人类提供各种需要的农产品，且常能为包括人类在内的整个自然界提供良好的生态环境与生存条件。

我国十分重视农业资源的研究工作，特别是新中国成立后，我国围绕农业资源要素做了大量的基础性工作，如第一次、第二次全国土壤普查，农业气候资源普查、农业生物资源普查等，编著了《中国农业土壤志》（内部资料）、《中国植物志》等具有开拓性的专著，为我国农业资源研究积累了大量的数据资料，可见这一阶段关于农业资源的研究重点放在了资源要素上，而对农业资源的阐述并不多见，直到20世纪80年代，在一些学术期刊和会议文集中才有一些零散的表述。诚然，这一时期农业资源的内涵侧重点依然集中于农业自然资源方面。最早对农业资源进行阐述的文献是寇有关等撰写的“农业资源信息系统的研究”的研究论文（寇有关，1987）。但明确提出“农业资源”概念的刘书楷等，在文献中，阐述了农业资源的基本内涵，指出了农业资源的基本特征，并对农业资源的类型和适用范围进行了界定，这时，农业资源的内涵比较完整而且系统，具有广泛的指导价值。20世纪90年代，诸多学者对农业资源与利用进行大量研究，同时对资源的分类管理做了大量的探索，并把区域发展与农业资源的有效利用结合起来，推动了农业资源的有效利用和农业资源的持续发展。进入21世纪，学者更加专注于农业资源内涵的拓展研究，并把农业资源与社会经济发展视为一体进行研究，取得了很大进展。如王海燕等（2002）研究认为，农业资源是农业生产过程中所有的农业自然资源、农业环境资源和社会经济资源的总和；谢高地（2002）也指出凡是在农业生产过程中涉及的自然资源和社会经济资源都属于农业资源的范畴；刘富刚（2005）也表述到只要在农业生产或农业经济活动中直接或间接地被利用的各种资源都可以被称为农业资源。可见，农业资源具有广泛的范畴，但有一点可以明确，那就是对农业资源内涵的解释是相近的或趋于一致的，即农业资源是指人们从事农业生产过程中可以利用的各种形态的资源形式，但无论何种资源形式，主要体现在农业自然资源和农业社会经济资源两个方面。其中农业自然资源是指在自然界存在的，能为农业生产服务的各种物质、能量和环境条件，包括水资源、土地资源、气候资源和生物资源等；而农业社会经济资源指用于农业生产的社会、经济和科学技术因素，诸如人口、劳动力、科学技术和技术装备、资金、经济体制政策等。

1.2.2 农业资源研究技术进展

借鉴相关学科的研究，建立一套行之有效、科学合理的农业资源研究方法体系是十分重要的。在文献中，对农业资源研究主要集中在农业资源的配置和农业资源的承载方面。龙文军（2002）认为，资源优化配置方式是农业资源研究的核心，农业资源的配置要以资源高效利用为目标，科学合理的协调社会经济需求与农业资源持续利用的关系，并找出合理的对接点，来推动农业和农村经济持续发展。马爱锄则进一步系统地阐述了农业资源配置的基本理论，较为科学地构建出农业资源优化配置的研究方法，这对农业资源区划和农业发展规划的制订起到了重要作用。关于农业资源承载力研究王海燕（2002）贡献较大，她主要围绕指标体系和评价模型做了大量研究工作，推动了农业资源理论与实践的结合。关于农业资源状况脆弱程度的评价方面，刘富刚（2005）以德州市的农业资源资料为基础，重点研究了劳动力承载指数、农业资源的区域匹配性和农业资源人口承载力等。在研究方法方面，主要有集中在评价方法和分类手段方面。丁娟娟（2002）建立了农业资源丰度指数的概念，提出了农业资源丰度指数的模型，利用农业资源丰度指数可以很好地判断和确定农业资源的数量以及不同类型资源匹配状况，进而找出制约农业资源高效利用的主要因素，并对农业资源高效利用前景作出较为科学的预测和判断。周小萍（2004）提出了农业资源利用模式分类标准，并探讨了区域农业资源利用模式的评价指标体系与模型方法，为农业资源持续利用提供了操作性很强的研究方法。

与国内相比，国外信息技术发达，尤其是以美国为首的西方发达国家在自然资源监测与利用方面的研究理论与技术成果都比我国成熟。长期的研究也促使他们形成了完整的监测体系和数据共享平台。美国地质调查局USGS（United States Geological Survey）启动的为期5年的“地理分析和动态监测计划”GAM（Geographic Analysis and Monitoring Program），从空间和时间尺度上评估了土地覆盖状况，对认识美国所面临的环境、自然资源和生态方面的挑战都具有重要意义；欧盟启动的“全球环境与安全监测计划”GMES（Global Monitoring for Environment and Security），即“哥白尼”（Copernicus），该计划用于监控世界范围内长期天气、气候及环境变化，它在可持续发展、生态系统、能源、应急管理、监测气候变化等方面作出了重要贡献，目前该计划正处于全面运行阶段；美国马里人学研究了“全球农业监测系统”（GMAS）体系和农作物定量遥感反演技术，该体系研究了农情监测业务及相关数据处理技术，开发了多个系统。

1.2.3 农业资源特征研究进展

在农业资源时空分布和资源效用方面，学者、专家做了大量研究，取得一致性的研究结论，主要集中在以下方面。

（1）显著的地域性和节律性。研究表明，由于受地形地貌的影响，农业资源要素在不同的区域出现的明显空间分布特征，随着海拔纬度和地形地势变化呈现出了地域分异规律。同时，随着时间的变化，也出现年际之间重复性和季节性的变化规律，掌握和熟悉农业资源地域性和节律性的特征，对决定农业资源利用方式，推动特色农业发展具有重要的价值。

（2）高度的整体性和层次性。农业资源要素的功能体现是整体性的体现，是农业资源要素综合在一起形成一个统一整体而实现的，每一个要素的缺失或变异，都会影响其他要素功能的发挥，甚至导致农业生产功能发生根本性的改变。但同时，农业资源要素的相互联系、相互作用，又形成了层次性强、结构完善、功能强大的有机整体，促进农业生产系统稳定发展。

（3）严格的有限性和多用性。有些研究指出，农业资源要素从数量上讲，不是无限的。即使是相对于某种经济条件下，一些资源暂时是数量充足的，但从整体性而言，却存在严格的有限性。这就要求人类必须坚持节约利用的原则，实现农业资源的有效利用。当然，随着科学技术的进步，农业资源的用途会更加广泛，有些农业资源在一定的生产水平下可能用途单一，但每一种资源都有替代性和可开发性。

（4）相对的稳定性和变化性。大量研究表明，农业资源系统可以在一定限度内进行自我调节，使系统处于相对稳定状态，这对农业生产的稳定发展具有重要价值，但农业资源也是可变的，因此，农业资源的开发和利用必须尊重和适应农业资源的特征，对农业资源进行因地制宜的开发利用，才能确保农业农业资源的永续利用。

1.2.4 农业生态指数遥感研究

农业生产、乡村生活和生态环境构成了独特的农业生态系统，系统的各组成部分相互影响，彼此制约，共同推动农业生态系统的运行。农业自然资源不仅能作为农业生产的基本资料和劳动对象为人类提供各种需要的农产品，且常能为包括人类在内的整个自然界提供良好的生态环境与生存条件。例如，森林资源，不仅能提供木材和其他林产品，而且还有涵养水源、保持水土、防风固沙、调节气候、美化环境等种种作用。在某些情况下，农业自然资源对保护环境的生态效益，比提供产品的经济效益更为重要。

陆地植被生产力不但与人类赖以生存的粮食问题密切相关，而且植被通过固定CO_2对大气环境和气候有重要的调节作用。因此，地表植被净初级生产力及生物量的研究一直为全球变化和人类生存环境的研究机构重视，特别是涉及农作物产量的估测和预报，被包括FAO在内的许多世界组织和研究计划予以重点考虑。

近年来，随着卫星遥感技术的迅速发展，国内外已借助遥感手段来反演许多生态环境参数，例如植被指数、农田温度、土壤水分等。农业生态指数遥感监测方法的优势在于它能利用遥感的空间信息获取特征，从而快速地掌握整个地区农田地表特征的面状信息。与传统的以定性判断为依据的农业生态评价相比，建立我国农业生态指数遥感监测评价能为决策提供科学依据。该研究分析现有的农业生态评价指标和方法，建立我国农业生态评价指标体系，研究提出可用于监测评价我国不同地区农业生态系统健康程度的农业生态指数及其监测评价方法，为开展我国农业生态监测评价提供技术支撑。

1.3 地理国情监测研究与应用

国情是指一个国家的社会性质、政治、经济、文化等方面的基本情况和特点，是一个国家的文化历史传统、自然地理环境、社会经济发展状况及国际关系等各方面的总和。地理国情主要指地表自然和人文地理要素的空间分布、特征及其相互关系，是基本国情的重要组成部分。自然环境影响着陆地生态系统的发展和演变，同时区域人类活动因素也对其起着重要的作用。自然环境影响陆地生态系统空间格局的分布，以及所提供的基本生态系统服务功能，在较大的时空尺度上作用于景观，引起大面积的景观变化。区域人类活动具有一定社会职能的各种动作的总和，包括人口、技术、政治经济和文化等因子。自然环境制约着区域人类活动的基本方式、强度和规模，区域人类活动反过来又影响自然环境。

地理国情监测是21世纪中国测绘地理信息领域一个新的、极为重要的发展方向。地理国情监测将使传统的测绘技术实现质的发展，功能上从对地图的测量与绘制到国情的监测与分析，时态上从对地表形态单一时间的静态量测到过程的动态监测，结果上从提供空间数据到基于数据的国情信息与分析结果。

为全面掌握我国地理国情现状，满足经济社会发展和生态文明建设的需要，国务院决定于2013—2015年开展第一次全国地理国情普查工作。普查领导小组组长张高丽副总理明确了地理国情统计分析的基本任务是系统分析和深入研究普查获取的海量数据，运用纵向分析、横向分析、类比分析等方法，加强对成果的深度开发，寻找规律性，预测趋势性，客观反映我国的国土空间布局、生态协调程度、区域经济发展状况和社会事业发展水平，揭示经济社会发展与自然资源环境的内在联系和演变规律，为科学管理决策提供可靠依据。

地理国情统计分析是地理国情普查的重要工作环节，地理国情综合统计分析作为地理国情统计分析的重要组成部分，以地理国情普查与监测数据成果为基础，结合专业部门的社会、经济和环境等数据，围绕国家和区域重大战略部署和重大工程实施进行综合统计与分析，能够客观反映区域经济社会发展与国土空间布局、生态协调程度、区域经济发展状况等，为区域综合规划、决策、监督等部门提供独立、客观和现势的参考信息和科学数据。同时也可实现“地理数据→地理国情信息→政府决策服务”的转化。

地理国情监测理论与技术发展刚刚起步，应用实践方兴未艾。目前处于地理国情监测实践的初期阶段。当前工作主要集中在专题地理国情及其现势性数据获取方面，而通过综合的地理国情分析，挖掘地理国情变化规律，在可靠性地理国情的动态监测等方面也有待进一步发展。

1.4 研究区农业自然资源概述

1.4.1 地貌条件

河南省横跨第二级和第三级地貌台阶，西部的太行山、崤山、熊耳山、嵩山、外方山及伏牛山等山地属于第二级地貌台阶；东部的平原、南阳盆地及其以东的山地丘陵为第三级地貌台阶的组成部分。河南省西部中山与东部平原之间是广阔的低山丘陵地带，是第二级地貌台阶向第三级地貌台阶过渡的边坡。河南省的地貌特征不仅具有自西向东突变的特点，而且具有由北向南明显过渡的性质。河南省地貌条件复杂、类型多样，山地、丘陵、平原及盆地较为发育。此外，比较特殊的黄土地貌及风沙地貌相当典型，地貌的区域组合特点较为明显，为因地制宜发展农业生产提供了优越的地貌条件。

河南黄淮平原的区域包括河南地区除了南阳盆地以外的平原区域，即整个黄淮平原等。它进一步可划分为山麓洪积倾斜平原、冲积缓倾斜平原、冲积低平缓平原、河谷平原等。山麓洪积倾斜平原地势由山地丘陵边缘向平原内部明显倾斜，地表倾斜度多在5°以上；冲积缓倾斜平原的地表呈缓倾斜状态，倾斜度多在2°～5°。地面宽阔平缓，以缓倾平地为主，靠近山麓冲积倾斜平原的地带，有低平的岗地分布。在淮河以北分布广泛，淮河以南不发育；冲积扇平原的组成物质较细，地表倾斜平缓。河南黄淮平原的地貌类型区划分为6个地貌区。

（1）豫西山地山前倾斜平原区，位于东部堆积平原区的西部，包括黄河以南，淮河以北，郑州、许昌、西平、正阳一线以西的山前地带，主要有洪积倾斜平原，洪积缓倾斜平原及冲积河谷等地貌。靠近山地部分岗地的干旱与水土流失严重，不利耕作。大部分地区地面倾斜和缓，土层深厚，土质肥沃有利耕作，但山地丘陵边缘部分沟谷也众多。

（2）黄河北微起伏平原区，位于黄河冲积扇平原区北部，区内古河槽洼地、古河漫滩、古背河洼地及古河道高地等很清晰，呈带状延伸，规模巨大。而微倾斜平地分布广泛且面积大、适合耕作是此区域的有利地貌条件，反之，洼地分布相当广泛，特别是现代黄河与古黄河的背河洼地，盐碱严重，制约农业。而沿故道的河槽沙丘面积也比较大，易受风沙侵袭，然而该区微倾斜平地分布广泛，面积较大，是该区域最有利耕作的地貌条件。

（3）黄河南岸沙质平原区，位于黄河冲积扇平原区中部，包括新郑、尉氏、通许、杞县、宁陵一线以北地区，具有沙丘、沙岗、波状沙地等风沙地貌，是省内风成沙丘沙地的主要分布区，不利于耕作，但对林业果木及牧业却非常有利。同样该区域有一定的泛滥淤积平地可以耕作，然而背河洼地的面积也不小，因此土壤盐碱严重。

（4）黄河南平缓平原区，位于黄河冲积扇平原区的南部，以缓倾斜平地为主，局部有古河道洼地与古河道高地。地面广阔平缓，土层深厚，水源充足利于农业生产。但低洼易涝地也有相当面积。

（5）淮北低平缓平原区，位于东部堆积平原区的中南部，包括淮河以北，黄河冲积扇以南的地区，主要是冲积低平缓平原地貌，地面广阔平坦。土层深厚，土质肥沃，水源充足非常利于耕作生产。同样由于地势低而平缓，洼地面积也比较大，是省内低洼易涝区。

（6）大别山北麓波状平原区，位于淮河以南的大别山山前地带，主要有洪积倾斜平原和冲积河谷带状平原两种地貌类型，前者呈大面积带状岗地分布，土层肥沃利于生产。但地势高，水源匮乏，故以旱作为主。后者地面宽阔平坦，土层深厚，土质肥沃，水源丰富，利于水田生产。而区内岗丘地区大小沟谷众多，均开垦为冲田，也是区内重要的水田基地。

1.4.2 土壤条件

河南省土壤水平分布，因纬度、气候、植被及地貌条件的不同呈现不同的土壤类型。河南土壤类型的分布，大致以伏牛山—淮河为界。此线以北，在落叶阔叶林植被下，广泛分布着褐土，为暖温带地带性土壤；此线以南广大区域，属北亚热带气候，植被类型系落叶阔叶林中有常绿阔叶树种，地带性土壤为黄棕壤。河南省土壤可分为7个土纲，17个土类，即：黄棕壤、黄褐土、棕壤、褐土、红黏土、风沙土、新积土、紫色土、石质土、粗骨土、砂姜黑土、山地草甸土、潮土、沼泽土、盐土、碱土和水稻土。河南黄淮平原的土壤类型共有7个土纲，15个土类，33个亚类。从北至南土壤分布依次为黄淮卫平原潮土和盐碱土、豫中山前阶地平原黄垆土、伏牛山南麓山地黄棕壤和山地棕壤和淮南剥蚀丘陵水稻土。

1.4.3 水文条件

河南省是一个河流众多，有一定径流资源的省份。流域面积在100km^{2}以上的河流456条，其中大于1 000km^{2}的有50多条，超过5 000km^{2}的河流尚有16条。它们分属于淮河、长江、黄河和海河四大水系。河南黄淮平原的水系主要有黄河、淮河及海河三大水系，其中黄河水系在境内长约711km，流域面积3.62km^2，占河南总面积的21.7%。在黄淮平原研究区内，河道较宽，水流缓慢，泥沙大量堆积，水力资源丰富。同样，黄河河水已成为冲积扇平原上农业灌溉等的重要水源之一。其支流有伊洛河、沁河、丹河、漭河等，其中伊洛河在河南流域面积达1.59万km^2，多流经山地丘陵区，坡陡流急具有丰富水资源；淮河水系，淮河于河南境内长约340km，流域面积达8.33万km^2，占全省总面积的52.8%，分布于豫西山地、豫东及豫东南大面积平原区域，是河南省最大的水系。其流域除了在京广铁路以西，淮河干流以南地势稍高外，其余大部是广袤平原，地势平坦，且缓缓向东倾斜，坡度较小，河床比降平均为1/5 000。淮河支流众多且集中，有“干弱支强”的形式。其中，沙颍河是最大支流，超过源于桐柏山的正源，流域面积达3.98万km^2，约占流域总面积的18.1%，流域范围包含豫西山地、豫东及豫东南平原的大部分。其余面积较大的支流有北汝河、澧河、颍河、贾鲁河、新运河及汾泉河等，都具有河道湾多水浅，水流缓慢的特点，但水量丰富，水力资源潜力巨大；海河水系，卫河是海河的主要支流，流经焦作、新乡等地。在河南境内长400多千米，流域面积约1.53万km^2，约占河南省的9.2%。卫河天然含沙量少，流量稳定，水质较好，通航灌溉也较好。

1.4.4 农业气候条件

河南省地处暖温带和北亚热带地区，具有明显的过渡性特征。山地、平原气候差异显著，南北气候也有很大不同。四季特点大致是冬季寒冷而少雨雪，春季干旱而多风沙，夏季炎热多雨而丰沛，秋季天气晴朗日照长。全省各地年平均气温在13～15℃，冬季寒冷，多偏北风，最冷月（1月）平均气温在0℃左右，春季4月气温上升快，黄淮平原可达15℃左右，且气压波动剧烈，风沙频率较大。夏季炎热，多偏南风，最热月（7月）平均气温分布比较均匀，大部分地区都在27～28℃，有利于本省农作物的生长。而秋季转凉气温下降，10月平均气温山地下降到13～14℃，平原下降至15～16℃。河南省年降水量大致在600～1 200mm。淮河以南年降水量达1 000～1 200mm，黄淮平原以及豫西山地年降水量为700～900mm，豫北地区和豫西丘陵区的年降水量在600～700mm，由南往北呈递减趋势。由于河南省属于大陆性季风气候，夏季水汽充足，降水量达300～500mm，占全年的45%～60%，对作物生长十分有利。但夏季降水多暴雨，强度和变率大，易造成水灾与旱灾。冬季受干冷的大陆气团控制，降水量少，仅20～100mm，仅占全年的3%～10%，往北雨雪递减。春秋季是冬夏季风环流转换的季节，全省大部分地区春雨仅100～300mm，占年降水的15%～25%，秋雨为150～200mm，仅占年降水的20%左右。河南省降水量的季节分配不均，夏季降水集中不稳定，冬季降水少，是显著的大陆性季风气候。河南省生长季降水量的地域则与年降水量的地域分布总体趋于一致。

2　综合统计与分析总体框架及指标体系

2.1　综合统计与分析总体技术流程

以地理国情普查数据为基础，充分利用地理国情基本统计成果，并与社会、经济等相关部门数据深度融合，从地理空间的角度，构建资源分布与利用指标体系、计算资源分布与利用指数，通过纵向分析、横向分析、类比分析等方法，揭示各区域内资源与人口、经济、社会等要素在地理空间上的相互作用、相互影响的内在关系，从而综合评价出农业自然资源分布特征与利用程度。

基于地理国情普查数据和现有基础地理信息成果，整合相关部门社会经济统计数据，在摸清各类资源禀赋的基础上考察资源分布和资源利用的情况。为此，资源分布与利用的主题分析从资源空间分布、资源禀赋、资源开发利用程度3个方面进行测度。与综合统计分析单元（行政区划与管理单元、自然地理单元、社会经济区域单元等）进行匹配，构建综合统计分析方法与模型库，开展综合统计分析指标计算和地理国情指数构建，形成地理国情典型粮食主产区地表自然资源综合统计分析成果。综合统计分析总体流程包括数据预处理、数据整合与分析、统计单元匹配、数据融合、指标计算、指数构建、综合统计分析、统计成果生成8个部分。

2.1.1 数据预处理

在基本统计成果的基础上，将不同来源的地理国情普查数据、经济统计数据进行规范化整合。按照行政区划与管理单元、自然地理单元、社会经济区域单元等不同统计单元，进行数据格式转换、数据类型转换、归一化处理等数据预处理操作，生成满足典型粮食主产区地表自然资源综合统计分析的数据源。

2.1.2 数据整合与分析

充分调研与分析基础地理信息数据以及相关部门的专题数据，利用空间化、地理编码和实体化等技术，实现基础地理信息及专题数据的整合。同时依据典型粮食主产区地表资源试点综合统计分析内容与指标，对普查成果数据进行整合，形成典型粮食主产区地表自然资源试点综合统计分析的数据成果。

2.1.3 统计单元匹配

基于行政区划与管理单元、自然地理单元、社会经济区域单元等不同统计单元，通过划分多尺度地理空间单元，形成满足典型粮食主产区地表自然资源综合统计分析的多级、多类地理单元。根据试点地区具体情况，与多级、多类地理单元进行匹配。

2.1.4 数据融合

对按时序获得的基础地理信息数据以及相关部门的专题数据，在一定准则下加以自动分析、综合，以完成典型粮食主产区地表资源试点综合统计分析的决策和评估任务。

2.1.5 指标计算

完成人均耕地面积、林地面积占比、河网密度、耕地垂直分布指数等指标计算。

2.1.6 指数构建与评价

在综合指标计算基础上，利用综合统计分析指数构建模型方法，构建耕地规模比较优势指数、耕地压力等指数，并采用指数评价方法对计算结果进行评价分析。

2.1.7 综合分析

利用地理国情普查数据成果与相关专题数据资料，根据试点地区地表自然资源分布与利用指数、生态区及重点生态功能区指数结果，优先选择国家重点关注的，与农业生产、社会经济发展密切相关的内容，对试点地区开展地表自然资源、生态格局综合统计分析。

2.1.8 统计结果生成

基于综合指标计算、指数构建及综合评价结果，制作黄淮平原粮食主产区地表资源、生态区生态格局综合统计分析图件，形成黄淮平原粮食主产区地表资源、生态区生态格局综合统计分析指标数据集、编写综合统计分析报告等成果。

2.1.9 成果应用与评价

将试点成果与政府和国土、规划、农业等相关专业部门进行对接，做好成果应用服务，以考量成果是否与当地政府、专业部门和社会大众的需求相一致，力求成果能在一定程度上发挥作用和成效，探索出综合统计成果为我国和地方耕地保护与规划、粮食安全宏观决策、国土资源科学管理等方面提供可靠依据的途径。地表自然资源综合统计分析总体技术路线如图2-1所示。

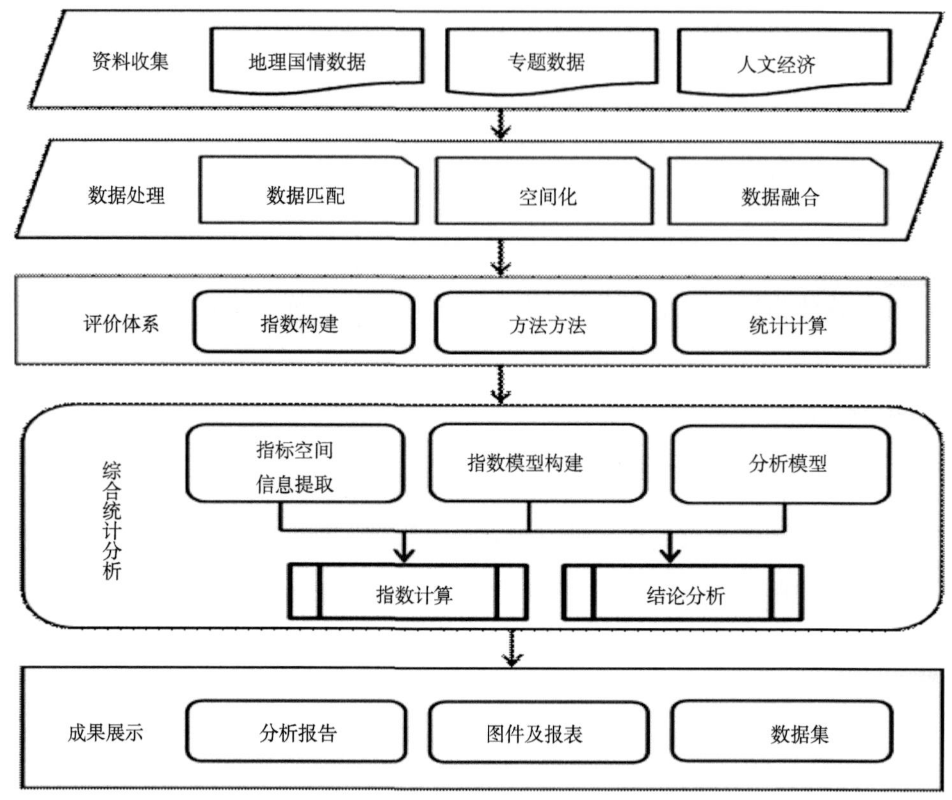

图2-1 地表自然资源综合统计分析总体技术路线

2.2 综合统计与分析指标体系

2.2.1 综合评价指标构建

自然资源综合统计分析专题包括3个一级指数、8个二级指数、16个基础指标，专题分析包括5个指数（表2-1）。按照数据来源及融合专题数据的程度分为直接指标、直接相关参考指标和间接相关参考指标3类。直接指标是指完全从普查成果数据计算的指标；直接相关参考指标是指主要依赖普查成果数据，融合社会经济统计数据和其他专题资料才能计算的指标；间接相关参考指标是指完全依赖或者以社会经济统计数据和其他专题资料为数据为主计算得到的指标。自然资源综合统计分析与专题基础指标里，直接指标9个、直接相关参考指标6个、间接相关参考指标6个。

表2-1　地表自然资源综合统计分析指标

一级指标	二级指标	三级指标	数据源
资源禀赋	地形地势指标	地貌类型面积占比	国情普查数据计算
		坡度	国情普查数据计算
	土壤分布指标	土壤状况	土壤类型数据
		土壤垦殖率	国情普查数据计算
	水文条件	河网密度	国情普查数据计算
		地表径流量	降水、径流系数计算
	农业气候资源	热量（10°、15°积温）	气象站点数据计算
		降水	气象站点数据计算
资源分布	自然地块分布	森林、草地、灌木林地和湿地总面积	国情普查数据计算
		自然地块聚集度	国情普查数据计算
	耕地资源分布	耕地面积	国情普查数据计算
		人均耕地面积	国情普查、人口数据计算
		耕地地块聚集度	国情普查数据计算
资源利用	耕地压力	耕地压力指数	国情普查、人口普查、统计年鉴数据计算 农业统计数据
	承载力	综合资源承载力	国情普查、人口、农业统计数据计算
		超富载力	国情普查、人口、农业统计数据计算

（续表）

一级指标	二级指标	三级指标	数据源
专题分析	耕地后备资源	耕地后备资源面积	耕地后备资源数据计算
	基本农田	基本农田占耕地比重	基本农田、国情普查数据计算
	滞洪区	滞洪区耕地面积分布	滞洪区分布、国情普查数据计算
	水环境质量	主要河流水质分等面积	水资源公报数据
	人类活动强度	人类活动强度	国情普查数据计算

2.2.2 指标含义与计算方法

2.2.2.1 资源禀赋

➢ 土壤垦殖率

耕地压力指数（k）：反映最小人均耕地面积和实际值的对比关系，可以衡量某一区域耕地资源的紧张程度。计算公式如下：

$$k=\frac{S_{\min}}{\bar{S}}$$

式中，k为耕地压力指数；$\bar{S}$为实际人均耕地面积；$S_{\min}$为最小人均耕地面积，即一定区域范围内为保障食物需求的最小人均耕地面积。采用如下公式计算：

$$S_{\min}=\beta\frac{G_i}{P\cdot q\cdot k}$$

式中，G_i为人均食物需求量；β为食物自给率；P为食物单产；q为食物播种面积占总面积比重；k为复种主指数。

➢ 水网密度

水网密度指被评价区域内河流总长度、水域面积和水资源量占被评价区域面积的比重，用于反映被评价区域水的丰富程度。水网密度指数越接近1表明被评价区域水越丰富，越接近0则越贫乏。计算公式如下：

水网密度=0.7×河流水渠长度／区域面积+0.7×湖库坑塘面积／区域面积

➢ **地表径流量**

地表径流量指的是降水或融雪强度一旦超过下渗强度，超过的水量可能暂时留于地表，当地表贮留量达到一定限度时，即向低处流动，成为地表水而汇入溪流的水量。计算公式如下：

地表径流量=降水量×径流系数

2.2.2.2 资源分布

➢ **地块聚集度**

地块聚集度是指地块中不同斑块类型的非随机性或聚集程度，不仅可以反映同类栅格的聚集程度，还可以在一定程度上反映斑块的破碎化程度。计算公式如下：

$$C = 1 - \frac{-\sum_{i=1}^{m}\sum_{j=1}^{m} P_{ij}\ln P_{ij}}{\ln(m)}$$

$$P_{ij} = \frac{N_{ij}}{N_i}\frac{A_i}{A}$$

式中，C是聚集度指数；m为耕地中的斑块类型数；P_{ij}为面积加权的概率值；N_{ij}是栅格景观图中类型i的像元与类型j的像元相邻的数；N_i是i类像元与所有像元相邻的总次数（包括i类像元本身）；A_i是i类像元的总面积；A是研究区域的总面积。

2.2.2.3 资源利用

➢ **耕地压力**

耕地压力是指最小人均耕地面积与人均耕地面积之比。具体公式如下：

$$k = \frac{S_{\min}}{\bar{S}}$$

$$S_{\min} = \beta \frac{G_i}{P \cdot q \cdot k}$$

式中，G_i为人均食物需求量；β为食物自给率；P为食物单产；q为食物播种面积占总面积比重；k为复种主指数。

➢ **资源承载力**

资源承载力是指在可以预见的时期内，利用当地能源和其他自然资源及智力、技术等，在保证与其社会文化准则相符的物质生活水平下能够持续供养的人口数量。可用相对资源综合承载力（C_S）与实际资源承载人口（P）相对大小来衡量。该指标包括相对自然资源承载力、相对经济资源承载力和综合资源承载力3个方面。具体计算公式如下：

➢ **相对自然资源承载力**

$$G_l = I_l \times Q_l$$

其中，$I_l = \dfrac{Q_{po}}{Q_{lo}}$

式中，C_l代表相对土地资源承载力；I_l代表土地资源承载指数；Q_l代表研究区耕地面积；Q_{po}代表参照区人口数量；Q_{lo}代表参照区耕地面积。

➢ **相对经济资源承载力**

$$C_e = I_e \times Q_e$$

其中，$I_e = \dfrac{Q_{po}}{Q_{eo}}$

式中，C_e代表相对经济资源承载力；I_e代表经济资源承载指数；Q_{po}代表参照区人口数量；Q_{eo}为参照区国内生产总值；Q_{eo}为研究区国内生产总值。

➢ **综合资源承载力**

$$C_s = W_l C_l \times W_e C_e$$

式中，C_s为相对资源综合承载力；W_l、W_e分别为相对自然资源（本文即相对土地资源）和相对经济资源承载力的权重。

➢ **超富载力**

①超载状态：相对资源承载力C_l小于实际资源承载人口总量Pe，即$C_l-Q_{po}<0$。②富余状态：相对资源承载力C_l大于实际资源承载人口总量Pe，即$C_l-Q_{po}<0$。③临界状态：相对资源承载力C_l等于实际资源承载人口总量Pe，即$C_l-Q_{po}=0$。

2.3 统计与分析单元划分

黄淮平原区位于河南省东北部，西邻豫西山地、黄土台地丘陵区和太行山地丘陵区，南到沙颍河，东面和北面至省界。整个平原西部高，东部低，大致以兰考间的黄河河床为脊轴，地势分别向东北和东南倾斜。黄淮平原地势平坦开阔，由于黄河历史决口泛滥和改道，形成了低缓起伏的微地貌形态。本区属于半干旱半湿润气候，气温和雨量由南向北递减。水资源丰富，黄淮水量充足，是饮水灌溉的主要水源。但是本区旱涝、风沙、盐碱等自然灾害较为严重，对农业生产有较大的威胁。本研究以河南省粮食核心区划定的黄淮平原为区域范围，结合自然地貌区划单位及综合农业区划单元进行二级区划划定。

2.3.1 河南省粮食核心区主体范围

2009年8月，国家印发实施《河南省粮食生产核心区建设规划》。《规划》以黄淮平原、豫北豫西山前平原和南阳盆地三大区域的95个粮食主产县作为核心区主体范围，占全省耕地面积的87.7%，三个区域当中淮海平原耕地面积占比最大，成为粮食生产核心区的主产区。综合分析评价黄淮平原区域资源分布特征及利用程度，将其建设成为全国重要的粮食稳定增长的核心区具有重要意义。

黄淮平原、豫北豫西山前平原和南阳盆地耕地面积分别为53 308.28km^2、7 791.03km^{2}和11 185.37km^2，占河南省耕地面积的比重分别为64.67%、9.45%

和13.57%，三大区域中黄淮平原耕地面积占比最大。河南省粮食生产核心区自然地块主要由林地、草地及水域组成。黄淮平原、豫北豫西山前平原和南阳盆地自然地块面积分别17 772.64km²、6 069.62km²和12 626.7km²，分别占河南省自然地块总面积的30.3%、10.3%和21.4%，三大区域中黄淮平原自然地块面积占比最大（图2-2）。黄淮平原无论在耕地面积还是自然地块面积上都远远高于豫北豫西山前平原和南阳盆地，在河南省粮食生产核心区中占有重要作用。

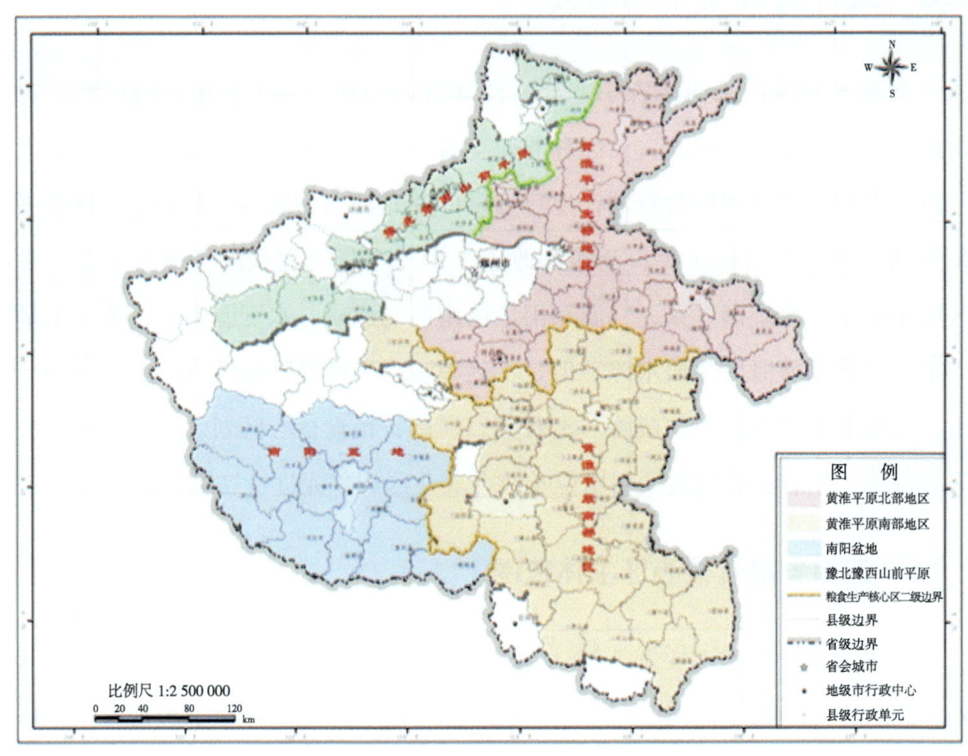

图2-2　河南省粮食生产核心区主体范围

2.3.2　自然地貌区划单元

根据河南省地貌类型的区域分异规律和地貌的研究程度，本研究采用二级划分方案对东部平原进行划分。一级地貌区的划分，主要是地貌形态上和成因上的相似性，次级大地构造和次级新构造运动的一致性，农业利用方向上基本一致。二级地貌区的区划标志，是地貌形态基本相同，地貌类型较单纯，地质构造大体一致，农业利用现状基本相同。豫东平原区主要分布在京广铁路以东、大别山以北的广大地区，地势平坦，土层深厚，地下水资源丰富，是河南耕地最集中、土地质量较好的地区。大致以沙颍河为界，北部是以黄河冲积扇为主体的冲积平原，南部主要是由淮河及其支流的泛滥冲积和湖沼堆积而形成的低缓平原。据此，把东部平原区划分为2个一级地貌区，14个二级地貌区，具体评价单元、范围及特点如图2-3、表2-2所示。

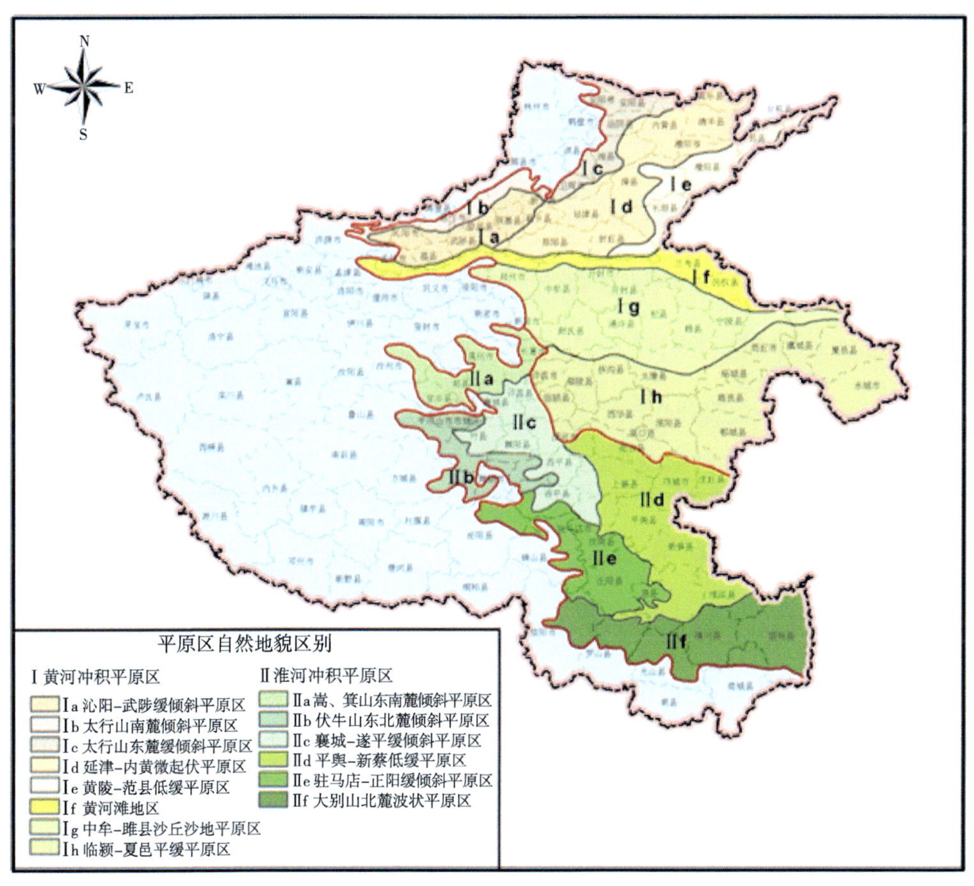

图2-3　河南省黄淮平原自然地貌区划

表2-2 河南省黄淮平原自然地貌区划分级

一级地貌区划	二级地貌区划	分布范围	区域农业资源特点
Ⅰ黄河冲积平原区	Ⅰa 沁阳—武陟缓倾斜平原区 Ⅰb 太行山南麓倾斜平原区 Ⅰc 太行山东麓缓倾斜平原区 Ⅰd 延津—内黄微起伏平原区 Ⅰe 黄陵—范县低缓平原区 Ⅰf 黄河滩地区 Ⅰg 中牟—睢县沙丘沙地平原区 Ⅰh 临颍—夏邑平缓平原区	河南东北部，西邻豫西山地、黄土台地丘陵区和太行山地丘陵区	该区地势平坦，土层深厚、疏松，适于大规模机耕；气候温和，光照和热量充足，可满足多种作物需要；水源比较丰富，土地面积广大，生产潜力很大。但本区旱涝、风沙、盐碱等自然灾害较为严重，对农业生产影响较大
Ⅱ淮河冲积平原区	Ⅱa 嵩、箕山东南麓倾斜平原区 Ⅱb 伏牛山东北麓倾斜平原区 Ⅱc 襄城—遂平缓倾斜平原区 Ⅱd 平舆—新蔡低缓平原区 Ⅱe 驻马店—正阳缓倾斜平原区 Ⅱf 大别山北麓波状平原区	沙颍河以南，淮河干流以北，西接豫西山地，东至省界	本区地势平坦，土地肥力较高，水热条件较好，水资源比较丰富，农业生产水平较高。但该区河道曲折，排水不畅，容易发生洪涝灾害，尤其是洪汝河两岸，是全省水灾最严重的地区

2.3.3 综合农业区划单元

农业区的划分是按照农业生产地域分异规律，科学的揭示和反映农业生产条件、特点、潜力、方向和途径的区间差异性和区内一致性。划分河南东部平原区综合农业区的基本原则如下：①发展农业的自然条件和社会经济条件的相对一致性；②农业生产基本特征与进一步发展方向的相对一致性；③农业生产关键问题与建设途径的相对一致性；④基本保持县级行政区界的完整。据此，东部平原区划分6个一级农业区。具体评价单元、范围和所处的行政单位如图2-4、表2-3所示。

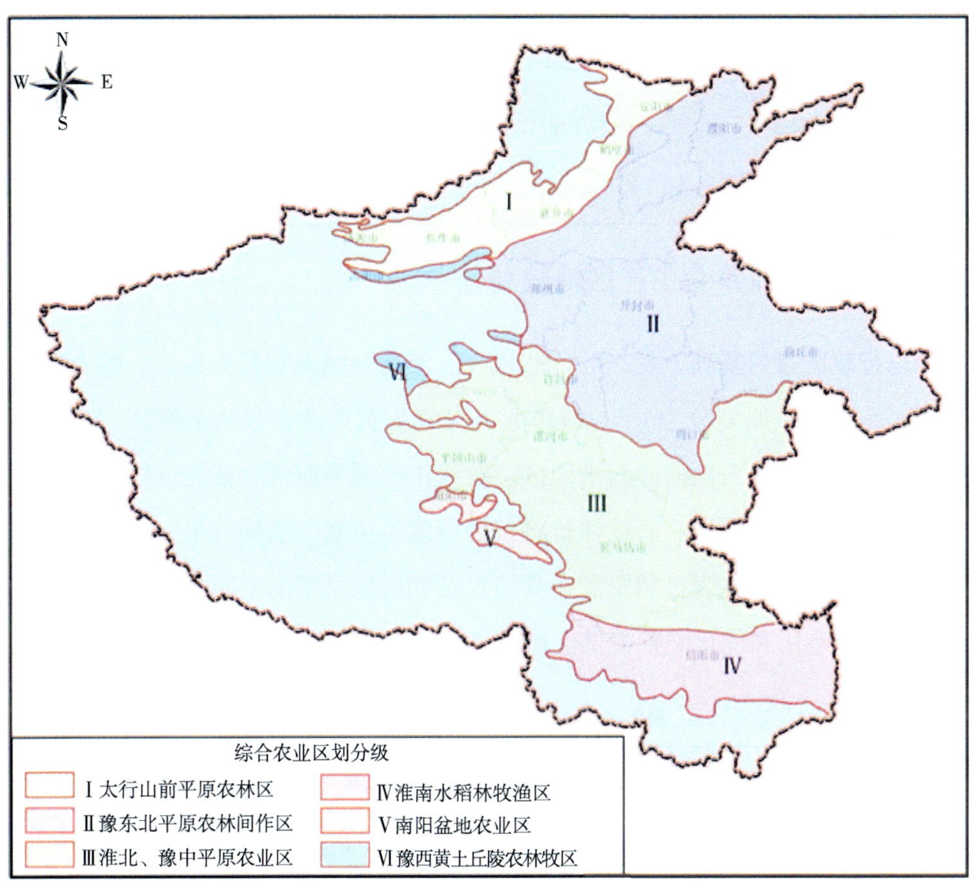

图2-4　河南东部平原区综合农业区划分级

表2-3　河南东部平原区综合农业区划分级

一级区划单元	范围	行政单元
Ⅰ太行山前平原农林区	位于河南西北部	济源市、焦作市、新乡市、鹤壁市、安阳市
Ⅱ豫东北平原农林间作区	位于黄淮平原的西部	郑州市、开封市、安阳市、濮阳市、商丘市、周口市、许昌市、鹤壁市、新乡市
Ⅲ淮北、豫中平原农业区	位于淮河以北，长葛—许昌至西华清流河一线以南	许昌市、漯河市、平顶山市、驻马店市
Ⅳ淮南水稻林牧渔区	东邻安徽省，南接湖北省，西靠南阳盆地	信阳市

（续表）

一级区划单元	范围	行政单元
Ⅴ南阳盆地农业区	位于豫西南	南阳市、驻马店市
Ⅵ豫西黄土丘陵农林牧区	位于南阳盆地北部	平顶山市、许昌市、郑州市

2.3.4 黄淮平原粮食主产区地貌划分

以行政区划为基础（表2-4、图2-5），结合自然地貌区划单元、综合农业区划，将黄淮平原划分为6个二级单元，分别为黄河北微起伏平原区、黄河南岸沙质平原区、豫西山前倾斜平原区、黄河南平缓平原区、淮北低缓平原区、大别山北麓波状平原区。后续评价将按照行政单位和二级划分单元进行综合统计分析，以期得到地表自然资源在县级尺度和区域尺度的空间分异性，为促进资源的合理利用和优化配置提供支撑。

表2-4　河南省黄淮平原区域划分

一级区划单元	行政单元
Ⅰ黄河北微起伏平原区	原阳县、滑县、濮阳县、浚县、台前县、内黄县、封丘县、长垣县 卫滨区、华龙区
Ⅱ黄河南岸沙质平原区	睢县、通许县、尉氏县、杞县、民权县、祥符区、兰考县
Ⅲ豫西山前倾斜平原区	遂平县、西平县、召陵区、舞阳县、叶县、郾城区、临颍县、 襄城县、郏县、鄢陵县、长葛市、汝州市、禹州市、许昌县 驿城区、魏都区、源汇区
Ⅳ黄河南平缓平原区	商水县、郸城县、淮阳县、西华县、鹿邑县、柘城县、太康县 永城市、扶沟县、夏邑县、睢阳区、虞城县宁陵县、梁园区 川汇区
Ⅴ淮北低缓平原区	淮滨县、息县、正阳县、汝南县、沈丘县
Ⅵ大别山北麓波状平原区	商城县、光山县、罗山县、潢川县、固始县、平桥区、确山县

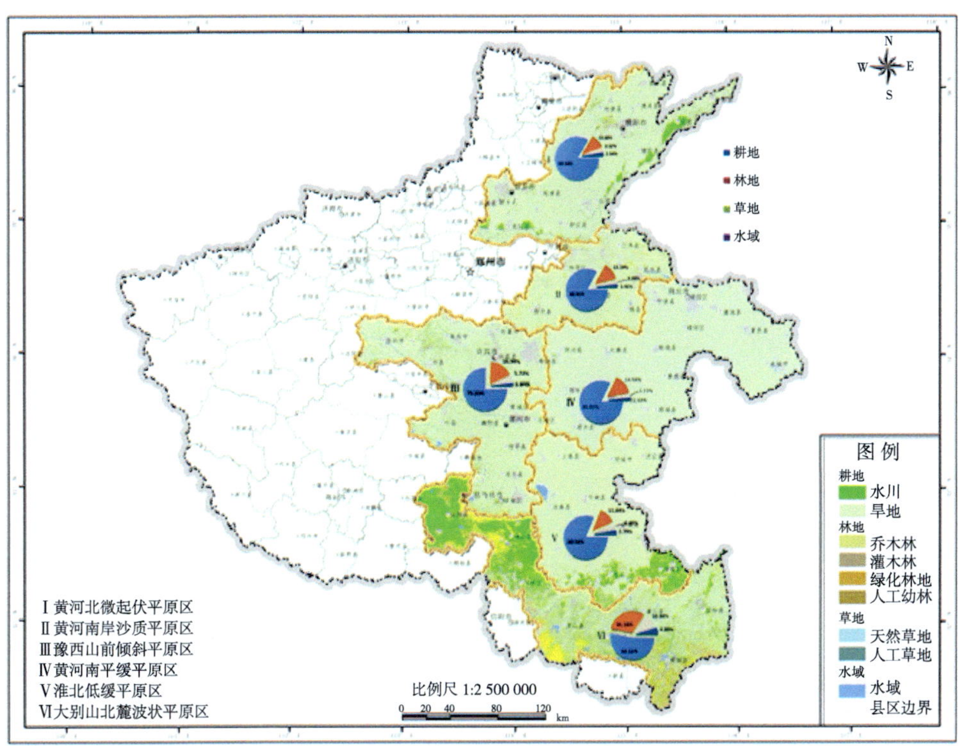

图2-5 河南省黄淮平原地表覆盖资源分布——地貌分区

3 综合统计分析技术方法

3.1 数据获取和处理

农业自然资源评价系统是一个多项目、多层次的空间信息系统，包括一系列专业数据库和区域数据库，并具有空间分布的基本特征。为了保证各专业、各层次及各区域信息的相互匹配、交换和数据共享，达到综合分析评价的目的，必须有一个统一的和规范的设计，作为信息采集、储存和提取的共同基础（表3-1）。

表3-1 地表资源综合统计分析所需数据及来源

序号	数据类型	数据名称	数据时相	格式
1	空间地理信息数据	地理国情数据	2015年	SHP
2		黄淮地区行政区划	2015年	SHP
3		坡度	2015年地理国情	TIFF
4		土壤类型数据	第二次土壤普查	SHP
5		河南省水利普查数据	2014年	SHP

（续表）

序号	数据类型	数据名称	数据时相	格式
6	空间地理信息数据	基本农田数据	2015年	SHP
7		耕地后备资源数据	2015年	SHP
8	统计数据	气象数据（积温、降水、蒸散发）	2005—2015年	TEX文本
9		河南省水资源量	2010年、2015年	文本
10		黄淮地区人口、经济等统计数据	2010年、2015年	Excel

3.1.1　遥感影像预处理

遥感数据处理包括大气校正、几何校正、影像融合、影像镶嵌、彩色增强、投影变换、精度检验、影像分幅等，进而生成正射影像产品集、融合影像产品集、镶嵌影像产品集、多种分幅影像产品集。

3.1.1.1　几何校正

为了纠正由于遥感本身的内部结构、外界因素（卫星姿态、轨道、地球运动和形状等）等原因引起的几何形变，需要对获得的遥感影像进行几何校正。因此根据已有的文件在ENVI软件中很容易得到几何校正过的影像。

3.1.1.2　图像融合

影像融合的目的是获得既具有多光谱特征又有高分辨率的遥感影像，在ENVI中选取两幅遥感影像（一个高空间分辨率的单波段图像，一个低空间分辨率多光谱图像或高光谱数据）进行精确配准，然后根据软件中的操作流程来完成影像的融合。

3.1.1.3　图像镶嵌与裁剪

由于遥感影像的大小和位置是由传感器的类型和卫星运行的位置来决定

的，因此一幅遥感影像不可能完全覆盖特定的研究区域，该区域可能同时分布在一幅或者多幅影像中，这就需要对研究区的图像进行镶嵌与裁剪。在ENVI中打开融合好的两幅影像进行镶嵌，根据其操作流程及相应的参数设置在中进行。镶嵌完成之后，根据研究区的大小对影像进行裁剪以去除研究区域之外的部分，其参照的原则，一般有根据行政区划边界和自然区划边界两种。

3.1.1.4 辐射定标与大气校正

传感器获得的遥感影像像元值是无量纲的数字量化值（DN值），需转换为反射率。通过辐射定标可以实现DN值与辐射亮度值之间的转化，得出辐射亮度值，进而通过辐射亮度值与辐射反射率的关系转换，计算出辐射反射率。在辐射定标的时候需设置好软件的环境参数，打开几何校正后得影像数据文件，在Radiometric Calibration面板中设置定标类型、输出存储顺序、转换系数等参数，完成辐射定标。

大气校正的目的是消除大气和光照等因素对地物反射的影响，获得地物反射率、辐射率、地表温度等真实物理模型参数，用来消除大气层对地物反射的影响，以及消除大气分子和气溶胶散射的影响。

目前，常用的遥感图像大气校正的方法有绝对辐射校正和相对辐射校正两种，本研究采用FLAASH大气校正工具，FLAASH是基于MODTRAN5辐射传输模型。它可以有效地去除水蒸气、气溶胶散射效应，同时基于像素级的改正，校正目标像元和邻近像元交叉辐射的“邻近效应”，还可以得到相应图像内的能见度水汽含量数据等。

3.1.2 专题数据分析与处理

3.1.2.1 资料收集与整理

将收集的不同来源的地理国情普查数据、经济统计数据以及现有基础地理信息数据进行统一整理分析，并对其进行分类和数据的预处理。

3.1.2.2 数据标准化

进行数据分析之前需对数据进行标准化处理，数据标准化就是统计数据指数化。其中数据标准是指数据的名称、代码、分类编码、数据类型、精度、单位、格式等的标准形式。数据标准化所包含的内容有：统一的分类编码、统一的地理坐标系统、统一通用的数据交换格式标准、统一的数据采集技术规程和统一的数据质量标准等。

3.1.2.3 建立元数据框架

为了便于专题数据的管理与分析，本研究对不同类别的数据构建了河南省黄淮海平原粮食主产区地表自然资源基础数据框架，并将此区域多源数据纳入统一的数据框架中进行描述。以此框架体系为基础，结合研究区域和现有数据的特点，从属性数据、空间属性数据关联两个层面展开多源数据的融合研究。

3.1.2.4 数据入库

将收集的空间地理信息数据、自然统计数据及一些必要的监测数据，按照空间数据与属性数据入库的方式进行入库操作。将多源数据纳入元数据库中便于统一对其进行描述、检索和识别。

3.1.2.5 数据融合

多源数据融合要解决的主要问题是对数据（特别是空间数据），在各种数据库中存在的模型差异、精度差异、几何位置的差异和属性定义的差异等进行加工处理，从最大程度上实现多种数据源的完全转换或信息共享。在该研究区域，主要对河南省黄淮平原粮食主产区地表自然资源属性数据融合、空间数据与属性数据关联融合。对于属性数据的融合，首先应对属性数据进行统一化处理，使其具有统一的行政区划和统计口径。对于空间数据，融合前应统一数据源的空间基准和投影方式，将地图投影统一到国家2000坐标系。统一数据格式和编码，对部分数据的MapGIS数据转为shp格式。在元数据框架的数据编码系统基础上，可以通过相应的标识字段关联共同指向地理要素，从而建立空间数据与属性数据的关联（图3-1）。

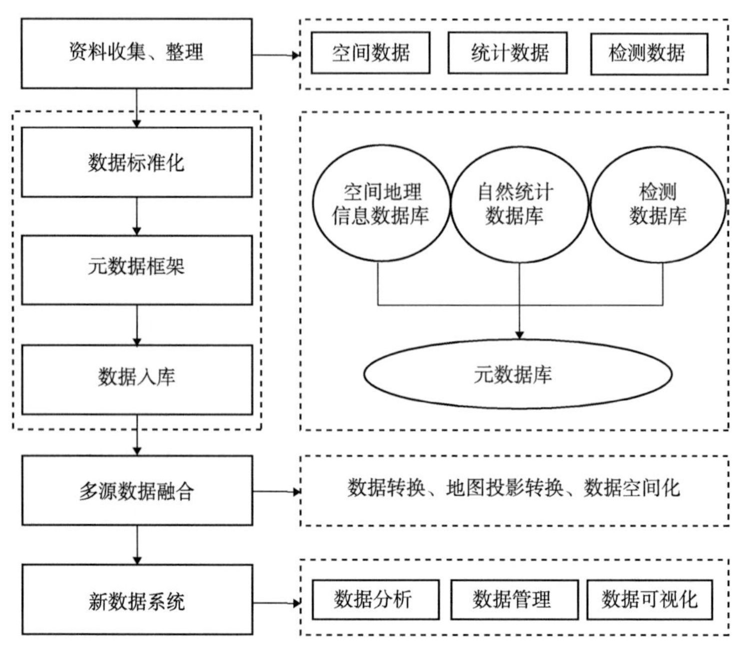

图3-1　数据获取与处理技术方法

3.2　综合评价指标计算方法

3.2.1　指标权重确定

区域中资源性质及其相互关系较为复杂，再加上社会经济条件的影响，很难将资源评价中的各个指标数量化。为了消除指标不同量纲的不可比性和数值之间的差异，并考虑定性指标和定量指标，该项目采用层次分析法——变权进行综合评价。根据专家意见确定各层级指标相对重要性的分值，采用层次分析法确定各个评价指标的权重。在一定条件下，依据某一评价目的和评价意义，“惩罚”那些特别差的指标因子，而“惩罚”的方法即是对“差”的指标因子的权重进行调整，从而降低该评价单元的综合评价值。

二级、三级指标多样，数量多且相互关系较为复杂，但多为评价所具有的基本属性。根据二、三级指标的特点，首先考虑到各个具体指标数据单位不同、变化范围不同，并且这些指标对资源分布与利用的影响程度不同，利用标准处理法、极值处理法、归一化处理法、加权平均法等数据处理方法对各个具体指标进行无量纲化。采用层次分析法进行常规权重赋值，针对常权值分布刚性太大，继而采用变权法对权重进行调整。各项指标的标度，具体评定将由与资源有关的专业科研人员评定。一般情况下，为了简易可行，各项指标将在其重要性内采用三分制，即高、中、低，或好、一般、坏等划分法进行打分。

根据专家意见确定各层级指标相对重要性的分值，采用层次分析法（Analytic Hierarchy Process，AHP）确定各个评价指标的权重，具体方法如下。

在层次分析软件中绘制资源分布与利用层次分析模型，用决策目标构建目标层“资源分布与利用”；用中间层要素构建一级、二级指数；用备选方案构建基础指标。结果如图3-2所示。

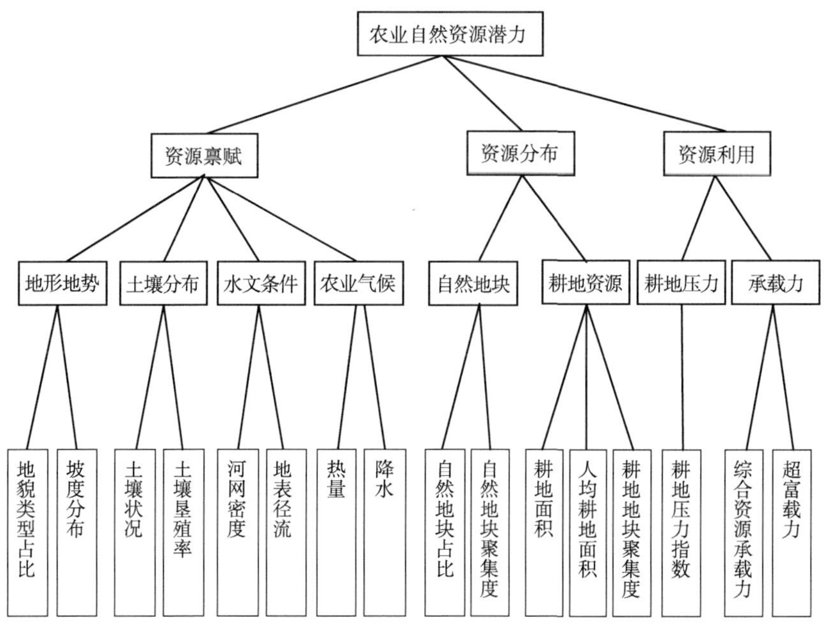

图3-2 农业自然资源评价层次分析模型结构框架

依次判断评价基础指标层对二级指数层的重要性，二级指数层对于一级指数层的重要性以及一级指数层对于目标层的重要性，根据各个评价指标相对于上一层评价的重要性确定其在评价中的比例，即得到权重值，步骤如下。

（1）构造判断矩阵。以A表示目标，u_i、u_j（i，j=1，2，…，n）表示因素。U_{ij}表示u_i对u_j的相对重要性数值。并由u_{ij}组成A-U判断矩阵P。

$$P=\begin{bmatrix} u_{11} & u_{12} & \cdots & u_{1n} \\ u_{21} & u_{22} & \cdots & u_{2n} \\ \vdots & \vdots & \vdots & \vdots \\ u_{n1} & u_{n2} & \cdots & u_{nn} \end{bmatrix}$$

对于矩阵中u_{ij}值的确定，Satty等建议引用数字1～9及其倒数作为标度。表3-2列出了1～9标度的含义。

表3-2　Satty标度

标度	含义
1	表示两个因素相比，具有相同重要性
3	表示两个因素相比，前者比后者稍重要
5	表示两个因素相比，前者比后者明显重要
7	表示两个因素相比，前者比后者强烈重要
9	表示两个因素相比，前者比后者极端重要
2，4，6，8	表示上述相邻判断的中间值
倒数	若因素i与因素j的重要性之比为a_{ij}，那么因素j与因素i重要性之比$a_{ji}=1/a_{ij}$

（2）计算重要性排序。根据判断矩阵，求出其最大特征根$\lambda_{\max}$所对应的特征向量ω。方程如下：

$$P\omega=\lambda_{\max}\omega$$

所求特征向量ω经归一化，即为各评价因素的重要性排序，也就是权重分配。

（3）一致性检验。以上得到的权重分配是否合理，还需要对判断矩阵进行一致性检验。检验公式如下：

$$CR = CI / RI$$

式中，CR为判断矩阵的随机一致性比率；CI为判断矩阵的一般一致性指标。RI由下式给出：

$$RI = \left(\lambda_{\max} - n\right) / \left(n - 1\right)$$

RI为判断矩阵的平均随机一致性指标，1～9阶的判断矩阵的RI值参见表3-3，当判断矩阵P的$CR<0.1$时或$\lambda_{\max}=n$，$CI=0$时，认为P具有满意一致性，否则需调整P中的元素以使其具有满意一致性。

表3-3　平均随机一致性指标

n	1	2	3	4	5	6	7	8	9
RI	0	0	0.58	0.90	1.12	1.24	1.32	1.41	1.45

通过一致性检验后点击计算结果就可以计算出各级指标的权重。最终得到资源分布与利用各级指标的权重（表3-4）。

表3-4　地表自然资源综合评价指标体系权重

一级指标	权重	二级指标	权重	三级指标	权重
资源禀赋	0.3	地形地势指标	0.3	地貌类型面积占比	0.5
				坡度	0.5
		土壤分布指标	0.2	土壤状况	0.7
				土壤垦殖率	0.3
		水文条件	0.2	河网密度	0.3
				地表径流量	0.7
		农业气候资源	0.32	热量（10°、15°积温）	0.5
				降水	0.5

（续表）

一级指标	权重	二级指标	权重	三级指标	权重
资源分布	0.4	自然地块分布	0.5	森林、草地、灌木林地和湿地总面积	0.6
				自然地块聚集度	0.4
		耕地资源分布	0.5	耕地面积	0.5
				人均耕地面积	0.3
				耕地地块聚集度	0.2
资源利用	0.3	耕地压力	0.4	耕地压力指数	
		承载力	0.6	综合资源承载力	0.4
				超富载力	0.6

3.2.2 综合指数计算

资源分布与利用一级指数包括资源禀赋、资源分布和资源利用3个专题内容。为了从不同一级指数和整体角度来分析评价资源分布与利用的和状况，分别对一级指数和综合指数进行综合分级评估。首先对3个一级指数计算结果进行归一化处理，根据已定义的不同一级指数分级体系，以及所得到的综合指数归一化结果，比值转换到0～100分内，具体方法如下：

$$RDU_i(\%)=\frac{Cov_i}{\max(Cov_i)}\times 100$$

式中，i为评价年份；RDU_i为评估单元第i年资源分布与利用得分值；Cov_i为评估单元第i年资源分布与利用指数值；max（Cov_i）为评估单元内最大指数值。

地表自然资源的综合评价系统是一个反映地域资源组合的多级质量等级系统。该评价系统从地表自然资源的禀赋、分布和利用3个方面内容来反映。通过层次分析—变权—栅格空间叠加运算，既能体现每个指标的贡献度，也能体现每个指标在空间的分异性。结合资源禀赋、资源分布及资源利用等方面的因素，采取加权平均法构建资源分布与利用指数。

$$资源分布与利用指数\ RDU=\sum_{i=1}^{3} w_i Cov_i$$

式中，Cov_i（i=1～3）分别代表资源禀赋，资源分布和资源利用。w_i为权重，对权重的计算考虑采用层次分析法（AHP）定性与定量相结合确定。

3.3 综合统计分析技术

3.3.1 空间叠加分析

空间叠加分析（Spatial Overlay Analysis）是指在统一的坐标系统下，对同一区域的两个或者多个不同主题的数据图层进行逻辑交、差、并运算，并对该区域内的属性进行分析评定，从而得到该区域的多重属性特征或建立对象之间的空间对应关系。根据所采用数据结构的不同，可分为矢量数据叠加分析和栅格数据叠加分析两种类型。

根据对象图形特征的不同，矢量数据叠加分析分为点与多边形的叠加、线与多边形的叠加和多边形与多边形的叠加三种类型。其中，点与多边形叠加分析的实质就是将一个点图层叠加在一个多边形图层上，以确定每个点各落在哪个多边形内，以便每个点获得新的多边形属性；线与多边形叠加分析的实质就是将一个含有线的图层叠加在一个多边形的图层上，以确定每条线落在哪个多边形内，以便每条线获得新的多边形属性；多边形与多边形叠加分析远比前两种叠加分析复杂得多。多边形叠加分析的结果是形成新的多边形图层，由于输出图层的多边形合并了不同多边形的属性，所以在新的图层中多边形具有多重属性。

栅格数据叠加分析常常被称为“地图代数”。栅格数据的叠加分析虽然存储量比较大，但是运算过程相对简单。栅格叠加分析的条件是要具备两个或者多个相同地区，并具有相同行列数的栅格数据，栅格单元大小也要相同。栅格叠加分析的结果是生成一个新的栅格数据，这个数据是由参与计算的原栅格数据计算得来的。

3.3.2 景观格局分析

景观格局是指景观的空间格局，即大小、形状、属性不一的景观空间单元（斑块）在空间上的分布与组合规律，它是景观异质性的具体表现。通常将景观格局指数作为高度浓缩景观格局信息和反映景观结构组成和空间分布特征的定量指标。单一景观要素格局是由大小不一、形状各异的相同景观类型斑块组成的景观格局，这样的格局反映了景观要素的自身特征，同时也反映了景观本底的空间变化，还反映了景观要素之间的相互关系以及各种生态因子对格局的影响。

在一个特定的区域中，各种景观类型的斑块交错分布，有机地结合在一起，就形成了一个景观镶嵌体。镶嵌结构是景观的最主要特征之一，有人认为景观生态学的实质就是对景观镶嵌体结构的研究，因为景观就是各种各样的镶嵌体（Mosaic）。区域景观镶嵌结构反映了各种景观类型在地域空间上的镶嵌格局，它与区域环境背景的各种因子密切相关，是包括人类活动干扰在内的一切生态过程综合作用的结果。

（1）斑块个数（NP），类型级别上等于景观中某一拼块类型的斑块总个数，在景观级别上等于景观中所有的斑块总数。NP反映景观的空间格局，经常被用来描述整个景观的异质性，其值的大小与景观的破碎度也有很好的正相关性，一般规律是NP大，破碎度高；NP小，破碎度低。NP对许多生态过程都有影响，如可以决定景观中各种物种及其次生种的空间分布特征；改变物种间相互作用和协同共生的稳定性。而且，NP对景观中各种干扰的蔓延程度有重要的影响，如某类拼块数目多且比较分散时，则对某些干扰的蔓延（虫灾、火灾等）有抑制作用。

（2）景观平均斑块面积（Mean Patch Area，MPA），即平均斑块大小，可以表征该景观的破碎程度，反映景观空间结构的复杂性，在一定程度上反映了人类对景观的干扰程度。它是由于自然或人为干扰所导致的景观由单一、均质和连续的整体趋向于复杂、异质和不连续的斑块镶嵌体的过程。景观的破碎化与人类活动紧密相关，与景观格局、功能与过程等也密切联系，同时与自然资源的保护互为依存。随着城市化的加剧，破碎化日益严重，适合城市生物生活的环境也在减少，这些对城市生物的保护十分不利。平均斑块面积计算公式为：

$$MPA = A / N \times 100\%$$

式中，MPA为平均斑块面积；A为某景观组成的总面积；N为景观单元的总数量。

（3）平均斑块形状指数（Mean Shape Index，SHAPE_MN），形状指数能够反映某单一景观类型斑块和整个景观斑块形状的复杂程度和稳定性。取值范围：$SHAPE\_MN \geqslant 1$，无上限，它可以直接表征斑块形状的复杂程度。平均斑块形状指数计算公式为：

$$SHAPE\_MN = \frac{\sum_{j=1}^{n_i} \frac{p_{ij}}{\min p_{ij}}}{n_i}$$

式中，p_{ij}为景观类型i斑块的周长；$\min p_{ij}$为所有景观类型i相应斑块中最小的周长值；n_i为景观类型i中所有相应斑块的数目；n为景观类型的数目。

（4）平均斑块分维数（Perimeter-Area Fractal Dimension，PAFRAC），描述了景观类型斑块边界的复杂程度。分维数越大，斑块边界越复杂，与周围环境联系越密切。分维数值理论范围为1.0～2.0，1.0代表形状最简单斑块，2.0表示等面积下周边最复杂的斑块。不同景观要素若分维数值相同，则它们具有一致的景观格局。斑块分维数计算公式为：

$$PAFRAC = 2\ln\left(\frac{p}{k}\right) / \ln(A)$$

式中，$PAFRAC$是斑块分维数；P是斑块的周长；A为斑块面积；k是常数。如果是单个正方形，k=4。

（5）聚集度指数

A：同类相邻比例

$$PLADJ = \left(\frac{g_{ii}}{\sum_{k=1}^{m} g_{ik}}\right)(100)$$

式中，g_{ii}为基于双数法算出的类型为i斑块的像元之间的同类相邻数量；g_{ik}为基于双数法算出的类型为i和类型为k的斑块像元之间的相邻数量。

B：聚合指数

$$AI = \left[\frac{g_{ii}}{\max \to g_{ii}}\right](100)$$

式中，g_{ii}为基于单数法算出的类型为i的斑块像元之间的同类相邻数量；max g_{ii}为基于单数方法算出的斑块类型为i的斑块像元之间的同类相邻最大数。

聚集度指数不仅可以反映同类栅格的聚集程度，还可以在一定程度上反映斑块的破碎化程度。

（6）多样性指数（SHDI），SHDI在景观级别上等于各斑块类型的面积比乘以其值的自然对数之后的和的负值。SHDI=0，表明整个景观仅由一个斑块组成；SHDI增大，说明斑块类型增加或各斑块类型在景观中呈均衡化趋势分布。

SHDI是一种基于信息理论的测量指数，在生态学中应用很广泛。该指标能反映景观异质性，特别对景观中各斑块类型非均衡分布状况较为敏感，即强调稀有斑块类型对信息的贡献，这也是与其他多样性指数不同之处。在比较和分析不同景观或同一景观不同时期的多样性与异质性变化时，SHDI也是一个敏感指标。如在一个景观系统中，土地利用越丰富，破碎化程度越高，其不定性的信息含量也越大，计算出的SHDI值也就越高。景观生态学中的多样性与生态学中的物种多样性有紧密的联系，但并不是简单的正比关系，研究发现在一个景观中二者的关系一般呈正态分布。

A：多样性指数

Shannon多样性指数 $H=-\sum_{k=1}^{m}P_k\ln(P_k)H_{\max}=\ln(m)$

B：景观要素优势度

描述景观由少数几类斑块控制的程度。通常，较大的D对应于一个或少数几个斑块类型占主导地位的景观。

优势度指数 $D=H_{\max}-H$

相对优势度 $RD=1-(H/H_{\max})$

3.3.3 空间相关性分析

地理国情要素在空间上交错分布，要素之间势必存在相互影响、相互作用，空间相关性分析可以从一定程度上定量化描述这种影响、作用。

相关性分析是指对两个或多个具备相关性的变量元素进行分析，从而衡量两个变量因素的相关密切程度。相关性的元素之间需要存在一定的联系或者概率才可以进行相关性分析。变量之间相关程度以相关系数进行表示。空间相关指在样本观测中，位于位置i的观测与其他$j\neq i$的观测有关，即存在空间相关的原因有两方面：相邻空间单元存在测量误差，空间交互影响的存在。空间相关不仅意味着空间上的观测缺乏独立性，并且意味着潜在于这种空间相关中的空间结构，也就是说空间相关的强度及模式由绝对位置和相对位置（布局、距离）决定。

3.3.3.1 单要素相关分析

对于两个要素x与y，如果它们的样本值分别为x_i和y_i（i=1，2，…，n），则它们之间的相关系数被定义为：

$$r_{xy}=\frac{\sum_{i=1}^{n}(x_i-\overline{x})(y_i-\overline{y})}{\sqrt{\sum_{i=1}^{n}(x_i-\overline{x})^2}\cdot\sqrt{\sum_{i=1}^{n}(y_i-\overline{y})^2}}$$

式中，$\overline{x}$ 和 $\overline{y}$ 分别表示两个要素样本值的平均值；r_{xy} 为要素 x 与 y 之间的相关系数，它就是表示该两要素之间相关程度的统计指标，其值在0到1区间之内，表示正相关，即两要素同向发展，−1到0之间表示负相关，即两要素异向发展。绝对值越接近于1，表示两要素的关系越密切，越接近于0，表示两要素的关系越不密切。

当要素之间的相关系数求出之后，还需要对所求得的相关系数进行检验。这是因为，这里的相关系数是根据要素之间的样本值计算出来的，它随着样本数的多少或取样方式的不同而不同，因此它只是要素之间的样本相关系数，只有通过检验，才能知道它的可信度。

3.3.3.2 多因子相关分析

偏最小二乘回归（Partial Least Squares Regression，简称PLS）是一种新型的多元统计数据分析方法，常用来进行多因子相关分析。它于1983年由伍德（S.Wold）和阿巴诺（C.Albano）等人首次提出。密西根大学（University of Michigan）的弗耐尔（Fornell）称之为第二代回归方法。近十几年来，它在理论、方法和应用方面都得到了迅速的发展。偏最小二乘回归方法在统计应用中的重要性主要体现在：（1）偏最小二乘回归主要研究的焦点是多因变量对多自变量的回归建模，是一种多因变量对多自变量的回归建模方法；（2）在多元回归分析中，如果采用普通的最小二乘方法，变量之间的多重相关性会严重危害参数估计，扩大模型误差，并破坏模型的稳健性。变量多重相关问题十分复杂，一直困扰着从事系统分析的工作人员。而偏最小二乘回归开辟了一种有效的技术途径，另一个在使用普通多元回归时经常受到的限制，是样本点数量不宜太少，一般来说，该数目应是变量个数的两倍以上。然而，在一些研究中，常常会有许多必须考虑的重要变量，但由于种种原因及条件的限制，所能得到的样本点数却少于变量个数。普通多元回归对在样本点数量小于变量个数时的建模分析是完全无能为力的。采用偏最小二乘回归方法，可较好地实现多种数据分析方法的综合应用。

根据因变量个数（单个或多个）的区别，偏最小二乘回归模型分为两种类型，即多因变量的偏最小二乘回归模型和单因变量的偏最小二乘回归模型，后者是前者的一种特例。

3.3.3.3 空间自相关分析

（1）全局空间自相关。空间自相关所统计的内容包括空间对象的空间位置和属性，即每个对象与其他相邻统计分析对象之间的空间位置关系以及属性取值特征。空间自相关分析是检验具有空间位置的某要素观测值是否显著地与其相邻空间点观测值相关联。表示空间自相关的指标和方法有很多，在空间相关性分析应用研究中，有很多方法可以描述空间自相关，最常用的是Moran I统计量、统计量、局部统计量、局部Moran I统计量等。空间统计学常用空间自相关指数Moran I来检验空间自相关性存在与否。

Moran I定义为：

$$I=\frac{n}{\sum_i\sum_j w_{ij}}\times\frac{\sum_i\sum_j w_{ij}\left(x_i-\bar{x}\right)\left(x_j-\bar{x}\right)}{\sum_i\left(x_i-\bar{x}\right)^2}$$

式中，n为研究区域内不规则空间单元的个数；x_i和x_j分别表示某现象或某属性特征在空间地域单元和上的观测值；$\bar{x}$是研究对象的平均值；W_{ij}是空间权重矩阵。空间权重矩阵的确定有多种方法。采用距离标准构建，即对于给定的距离，当区域和区域之间的距离小于时，空间权重值为1，否则为0。

Moran I统计量取值在−1和+1之间，接近于+1（−1）表明在研究范围内变量具有很强的正（负）空间自相关性，即相邻地区具有相似（相反）的属性；接近于0表明在研究范围内变量的空间自相关性很弱，即相邻地区属性的关联性不明显。

（2）局部空间自相关。Moran I统计量是全局自相关的一个度量，它仅仅使用一个单一的值来反映一定范围内的自相关，概括了一个总的空间模式中的空间依赖程度，而很难发现存在于不同位置区域的空间关联模式。而当需要描述一个空间单元和其邻居之间的相似程度，表示每个局部服从全局总趋势的程度并揭示空间异质性，说明空间关系是如何随位置变化而变化时，就需要LISA分析（Local Indicators of Spatial Association），中文译为“空间关联的局部指示”来解决问题。

根据检验统计量，可以对有意义的局部空间关联进行显著性检验。根据一个“条件”随机方法或排列方法，可以获得的一个伪显著性水平。P值同样为零假设检验提供了基础，即检验所有的属性值在空间上是否随机分布。局部Moran I的解译与G统计相似，小的P值（比如$P<0.05$）指出位置i周围值相对较高。大的值表明位置i周围值相对较低。对局域相关指标进行标准化，标准化的局域统计指标可以用来进行“热点”判别，发现区域性空间积聚特征以及全局空间关联中的局域空间背离特征。

局部Moran I指数可以将空间关联模式细分为4种类型，即HH、LL、LH、HL，分别与Moran I散点图中的4个象限相对应。正的空间关联包括两种类型：属性值高于均值的空间单元被属性值高于均值的邻域所包围（“高—高”关联），属性值低于均值的空间单元被属性值低于均值的邻域所包围（“低—低”关联）。而负的空间关联也有两种类型：属性值高于均值的空间单元被属性值低于均值的邻域所包围（“高—低”关联），或者相反（“低—高”关联）。

3.3.3.4 空间相互作用分析

地理目标均不是孤立存在的，不同要素之间总是相互联系、相互影响。例如，为了保障生产、生活的正常运行，城市之间、城市和区域之间总是不断地进行着物质、能量、人员和信息的交换，我们把这些交换称之为城市空间相互作用。1942年Zipf首次把引力模型引入到城市空间相互作用研究，此后引力模型就被广泛地应用于空间相互强度、区域经济联系、城市空间布局等相关方面的研究中。引力模型的一般形式为：

$$I_{ij}=\frac{(w_i p_i)\times(w_j p_j)}{D_{ij}^b}$$

式中，I_{ij}为i、j两个城市的相互作用量；w_i、w_j为经验确定的权数；P_i、P_j为两个城市的人口规模；D_{ij}为两个城市间的距离；b为测量距离摩擦作用的指数。这个模型简单明了，但要用于实际却比较复杂，其中难度较大的问题是参数确定的问题。

3.3.3.5 空间关联分析

R.Agrawal等人引入关联规则的概念是为了挖掘大型的事务型数据库，Koperski等人将这个概念扩展至空间数据库。他们提出了一种在空间数据库中挖掘强空间关联规则的算法，并给出了两步式的空间优化技术。

（1）基本概念。空间关联规则（周成虎，2011）的形式化定义为：

$$P_i \wedge \cdots \wedge P_m \rightarrow Q_j \wedge \cdots \wedge Q_n\ (c\%)$$

式中，数据项集P_i（i=1，2，…，m）为关联规则的前件；数据项集Q_j（j=1，2，…，n）为关联规则的后件；数据项集之间的关系“→”为空间谓词；$c\%$为该空间关联规则的可信度。上式表明：在$P_1 \wedge \cdots \wedge P_m$的条件下，有$c\%$的可能性满足$Q_1 \wedge \cdots \wedge Q_n$。

关联规则的性质一般可以使用可信度、支持度、期望可信度和作用度4个参数来进行描述。这里主要介绍可信度和支持度的概念。可信度（Confidence）

是指事务项集W中，支持数据项集A的事务中也有c%同时支持数据项集B，则称c%为关联规则A→B的可信度。支持度（Support）是指如果事务集W中有s%的事务同时支持数据项集A和B，则称s%为关联规则的支持度。

（2）模型和方法。关于关联规则挖掘的方法有很多种。目前主要分为三类：一是高效率的规则归纳算法研究，如Apriori频集算法、云理论等；二是没有考虑实体空间分布和空间关系的区域整体关联规则的挖掘研究，如Aspinall等，目前这类研究最多，也较为成熟；三是考虑空间关系的空间关联规则挖掘研究，如强空间关联规则算法，对空间客体的多级空间关联规则的计算方法等。本节将对较为常用的Apriori算法进行简单介绍。

（3）技术流程。Apriori是一种基于频繁项集的算法，频繁项集是指支持度不小于用户给定的最小支持度的数据项集。其求解原理和步骤如图3-3所示。

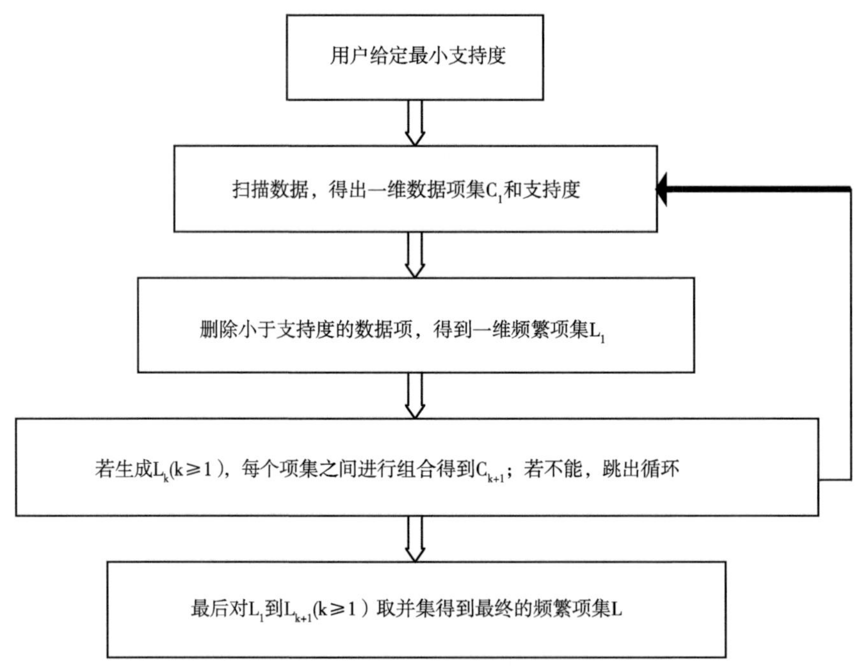

图3-3　Apriori技术流程

其中第四步，假设L_k（$k \geq 1$）已经生成，L_k中的每个项集与其他项集进行组合，得到k+1维数据项集C_{k+1}，并对C_{k+1}进行剪枝，删除不全包含在L_k中的k维项集和支持度小于最小支持度的数据项集，得到k+1维频繁项集L_{k+1}。

重复步骤（2），直到无法生成非空的C_{k+1}，最后对L_1到L_{k+1}（$k \geq 1$）取并集得到最终的频繁项集L。

4 典型农区农业生态指数遥感监测

陆地植被生产力不但与人类赖以生存的粮食供给密切相关，而且植被通过固定CO_2对大气环境和气候有重要的调节作用。因此，地表植被净初级生产力及生物量的研究一直为全球变化和人类生存环境的研究所重视，特别是涉及农作物产量的估测和预报，被包括联合国粮农组织（FAO）在内的许多世界组织和研究计划予以重点考虑。

在当前全球变化的背景下，黄淮平原作为我国一个人口高度密集区和粮食产区，其农田不仅保障着人类的粮食安全，而且参与了系统间的碳汇与碳平衡。然而伴随着人口增长和经济发展，生态环境势必会受到影响。为了响应国内外的号召，节能减排、低碳环保逐渐被提上日程。作为农田，在提高或稳定粮食产量的同时，了解农田生物生产力的变化特征及其影响因素，并提高农田的生物生产力显得尤为重要，因此对农田生物生产力的研究更具有研究价值和现实意义。

20世纪80年代以来，受全球气候变化及卫星技术的发展和影响，植被净初级生产力及生物量的研究和预测向快速、动态和大面积监测方向发展，同时农作物产量遥感估测技术和相关模型也日益发展完善，很大程度上提高了全球范围的生物量和作物产量的估测精度。

4.1 农田地上生物量

森林植被是我国陆地生态系统主要的碳汇，而且存贮着全国69.5%的生物量。虽然农业植被传统上被认为不是碳汇，但是农业植被分布广、产量高，而且是季节性的碳库，对于调节大气中CO_2浓度的季节分配意义重大。通过农业措施的改善，可以增加农业植被中光合作用固定的碳，并将其永久保存于土壤中。由于其巨大的碳汇潜力，在全球变化背景下农田的碳循环、碳汇研究显得尤为重要。

4.1.1 生物量的遥感估算

对于地上生物量的估算可以采取两种方法：一种是植被指数—生物量统计模型法，另一种是植被生长模型法。前者使用较为简单，但因为对样地数量需求比较高，尤其是在历史样地数据获取困难的情况下，其应用受到了一定限制。后者则需要少量的样地进行标定，具有更大的应用潜力。

4.1.1.1 植被指数—生物量法计算方法

采用实地测量的植被生物量的数据和遥感数据建立统计模型，然后在遥感数据的基础上反演得到区域范围内植被生物量。

参数1：生物量。通过设置森林、灌木、草地、湿地、农田以及荒漠样地，调查单位面积内地上干生物量重。

参数2：植被指数。直接利用MODIS 250mNDVI产品及融合后的30mNDVI产品。

4.1.1.2 生长模型法

（1）计算方法。通过对生长期（开始生长时间与结束生长时间）的确定，对生长期内不同时段的NPP进行累加以计算不同月份的地上生物量。

（2）基本参数与数据来源。

参数1：NPP。方法同下述净初级生产力NPP计算方法。

参数2：开始生长时间和结束生长时间。

生长期提取可以依据滤波算法（如Savitzky-Golay滤波器）对时间序列的NDVI曲线进行平滑，并在全国不同生态分区的基础上确定相应的判定阈值，确定生长期的起始与结束时间，从而提取植被的生长期。

$$Y_j^* = \frac{\sum_{i=-m}^{i=m} C_i Y_j + i}{N}$$

式中，Y_j为原始的NDVI值；Y_j^*为似合后的NDVI值；C_i为窗口内第i个NDVI值的系数；N为卷积的长度，N应该与滑动窗口的长度相等（$2 \times m+1$，m为滑动窗口的半长）。

参数3：收获指数。对于农田来说，如果想获取粮食产量，在获取地上生物量的基础上，还能获取收获指数，收获指数主要根据作物类型通过文献调研的方法获取。

4.1.2 农田生物量时空分布特征

黄淮平原农田地上生物量平均值保持在1 229～1 240g/m^2·年。为了了解黄淮平原农田生物量的时空分布规律，对黄淮平原农田的地上生物量进行了时空分析。2000—2010年受粮食播种面积减少的影响，导致黄淮平原农田地上生物量大部分地区有所减少，而且大部分地区平均减幅达150g/m^2，少部分地区有所增加，平均涨幅达272g/m^2，如图4-1所示。

空间上，黄淮平原中部地区地上生物量降低明显，南部区域有所增加，北部区域变化不明显。2000—2010年，农田生物量保持稳定的区域面积为38 327.00km^2，占区域总面积的45.64%，农田生物量增加的区域面积为23 426.31km^2，占区域总面积的27.90%，农田生物量增加的区域面积为

22 215.56km^2，占区域总面积的26.60%，其中柘城县、睢阳区、淮阳县、太康县、鹿邑县减幅都达到200g/m^2，确山县涨幅最大，达到726g/m^2（表4-1）。

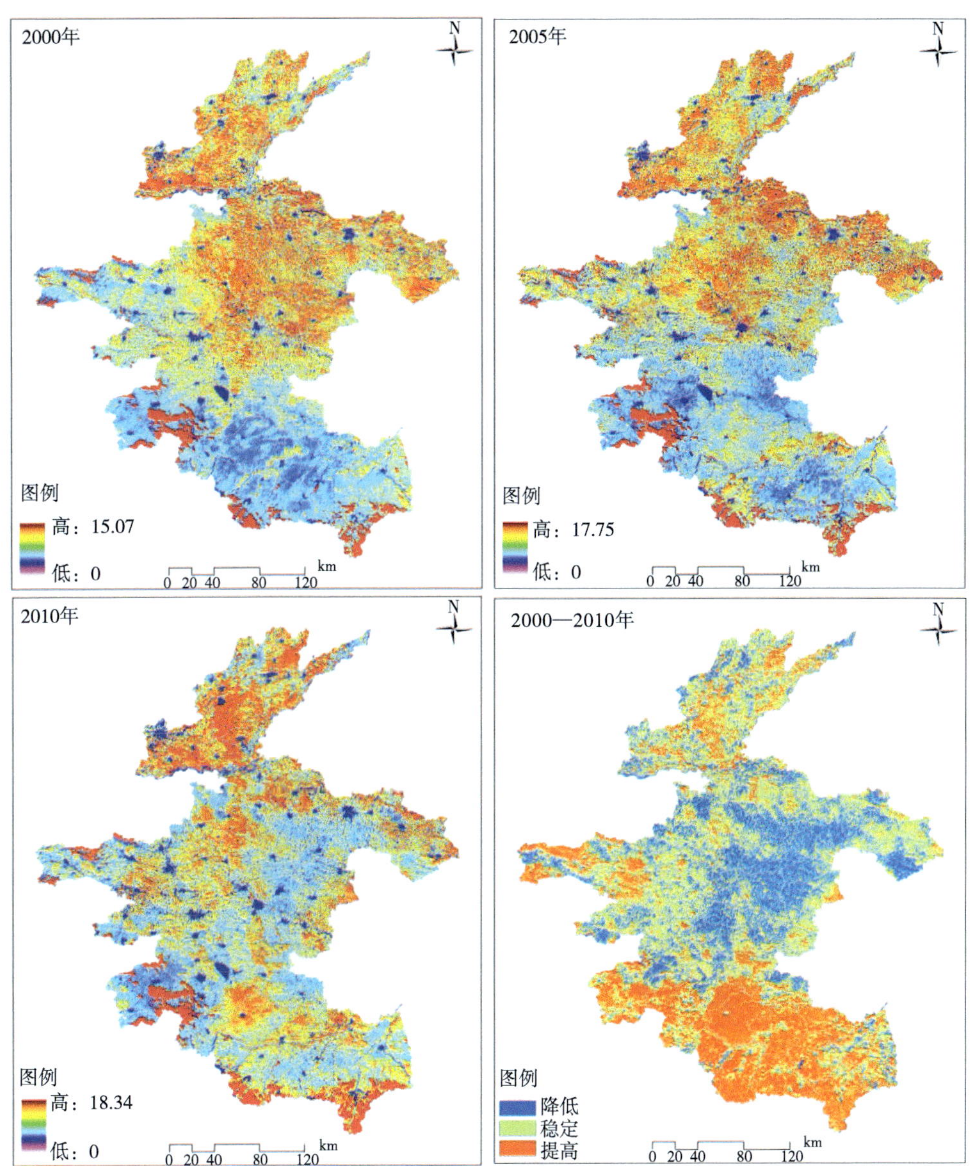

图4-1　河南省黄淮平原农田地上生物量时空变化（单位：g/m^2·年）

表4-1　2000—2010年河南省黄淮平原地上生物量县域平均值

县区	平均地上生物量（g/m²）			县区	平均地上生物量（g/m²）		
	2000年	2005年	2010年		2000年	2005年	2010年
滑县	1.309	1.243	1.280	扶沟县	1.320	1.258	1.168
内黄县	1.246	1.224	1.141	淮阳县	1.126	1.028	0.879
浚县	1.274	1.249	1.168	鹿邑县	1.126	1.001	0.906
开封县	1.202	1.141	1.044	商水县	1.226	1.073	1.014
兰考县	1.178	1.190	1.062	沈丘县	1.126	0.974	1.015
通许县	1.292	1.209	1.158	太康县	1.217	1.129	0.982
尉氏县	1.280	1.228	1.129	西华县	1.207	1.128	1.023
杞县	1.217	1.155	1.051	项城县	1.133	0.897	0.978
汝州市	1.190	1.420	1.377	泌阳县	1.548	1.850	1.969
叶县	1.193	1.143	1.066	平舆县	1.032	0.906	1.064
郏县	1.122	1.166	1.030	确山县	1.893	2.341	2.620
民权县	1.139	1.157	1.036	汝南县	0.965	0.920	1.016
宁陵县	1.169	1.126	1.019	上蔡县	1.202	1.027	1.044
夏邑县	1.118	1.060	0.977	遂平县	1.230	1.075	1.099
永城市	1.214	1.156	1.026	西平县	1.198	1.076	1.084
虞城县	1.164	1.185	0.998	新蔡县	1.031	0.896	0.963
柘城县	1.144	1.082	0.889	正阳县	0.730	1.094	1.176
睢县	1.153	1.069	0.938	驿城区	0.867	0.547	0.738
长垣县	1.167	1.131	1.128	临颍县	1.125	1.086	1.005
封丘县	1.230	1.142	1.178	舞阳县	1.151	0.997	0.991
延津市	1.260	1.237	1.208	范县	1.103	1.141	1.123
原阳县	1.296	1.241	1.183	华龙区	1.008	0.966	0.930
固始县	1.292	1.231	1.287	南乐县	1.300	1.315	1.199
光山县	1.139	1.299	1.491	清丰县	1.294	1.297	1.250
淮滨县	0.977	1.110	1.146	台前县	1.044	1.054	0.935
罗山县	1.774	2.194	2.338	濮阳县	1.197	1.126	1.134
商城县	2.480	2.743	2.980	平桥区	1.102	1.336	1.419
息县	0.818	1.067	1.103	梁园区	1.120	1.066	0.959
潢川县	0.937	0.947	1.110	睢阳区	1.161	1.125	0.908

（续表）

县区	平均地上生物量（g/m²）			县区	平均地上生物量（g/m²）		
	2000年	2005年	2010年		2000年	2005年	2010年
长葛市	1.161	1.114	0.966	凤泉区	0.926	0.836	0.746
魏都区	0.553	0.476	0.339	红旗区	0.935	0.717	0.671
襄城县	1.060	1.129	1.078	牧野区	0.746	0.618	0.580
许昌县	1.156	1.211	1.100	卫滨区	0.812	0.664	0.640
禹州市	1.163	1.259	1.208	新乡县	1.239	1.130	1.096
鄢陵县	1.306	1.290	1.145	召陵区	1.114	0.926	0.962
川汇区	0.688	0.620	0.410	郾城区	1.089	0.984	0.976
郸城县	1.207	1.049	1.039	源汇区	1.100	0.962	0.965

4.2 农田净初级生产力

植被净初级生产力（Net Primary Produtivity，NPP）指绿色植物在单位时间和面积上所能累积的有机生物质的量，包括植物的枝、叶和根等生产量及植物枯落部分的数量。NPP不仅反映了植被群落在自然环境条件下的生产能力，表征陆地生态系统的质量状况，而且是调节生态过程和估算陆地碳“源/汇”的重要因子，是生态系统碳循环的重要组成部分。农业植被净初级生产力代表了农田生态系统通过光合作用可固定大气中CO_2的能力，决定了农田土壤可获得的有机碳含量。农田生态系统的碳循环具有固碳周期短、蓄积量大的特点，是全球碳库中最活跃的部分，因此农田碳库的大小及其在全球碳平衡中的作用受到更多的关注。中国国土幅员辽阔、气候多变、地域类型复杂，农业类型多样，使中国农田生态系统成为影响气候变化最敏感的领域之一，中国农业碳库的大小及其变化对于国家乃至世界粮食安全和全球碳平衡均具有重要的影响。因此研究中国农田生态系统NPP时空变化，一方面有助于了解中国农田生态系统碳“源/汇”的时空格局，另一方面对研究中国在全球碳循环中的作用，预测未来气候变化趋势具有重要意义。

4.2.1 净初级生产力遥感估算方法

净初级生产力的计算采用CASA模型：

$$NPP = APAR(t) \times \varepsilon(t)$$

其中，$APAR = fPAR \times PAR$

参数包括平均温度、蒸散量、日照时数、植被指数、反照率、植被类型、像元经纬度信息等。

参数1：PAR：从资料文档、气象数据中得到太阳总辐射量、日照时数等信息，然后结合研究区中像元经纬度计算得到PAR。

参数2：FPAR：利用MODIS NDVI产品计算得到比值指数SR，然后通过FPAR与比值指数SR之间存在关系，得到FPAR。具体公式如下：

$$FPAR = \frac{(SR - SR_{min}) \times (FPAR_{max} - FPAR_{min})}{SR_{max} - SR_{min}} + FPAR_{min}$$

$$SR = \frac{NIR}{RED} = \frac{1 + NDVI}{1 - NDVI}$$

其中，$FPAR_{min}$和$FPAR_{max}$的取值与植被类型无关，分别取值为0.001和0.95，SR_{min}和SR_{max}与植被类型有关，为对应植被类型$NDVI$的5%和95%的下侧百分位数。NIR和RED分别表示近红外波段和红波段的反射率。

参数3：ε指植被将吸收的光合有效辐射（$APAR$）通过光合作用转化为有机碳的效率，其获取方法如下：

$$\varepsilon(t) = \varepsilon^* \times T_1(t) \times T_2(t) \times W(t)$$

式中，ε^*指的是最大光利用率（单位：$gMJ-1$），T_1和T_2表示环境温度对光利用的抑制影响，W则为水分影响胁迫系数。T_1和T_2及W均为无量纲参数。其中T_1和T_2及W分别由下面公式计算获得。

$$T_1 = -0.000\,5(T_{opt} - 20)^2 + 1$$

$$T_2 = \frac{1}{1+\exp\left\{0.2\left(T_{opt}-10-T_{mon}\right)\right\}} \times \frac{1}{1+\exp\left\{0.3\left(-T_{opt}-10+T_{mon}\right)\right\}}$$

式中，T_{opt}表示植被生长季内$NDVI$值达到最高时的月平均气温（单位：℃）；T_{mon}表示月平均气温（单位：℃）。

$$W(t) = \frac{EET(t)}{PET(t)}$$

式中，EET表示区域月实际蒸散量（单位：mm）；PET表示区域月潜在蒸散量（单位：mm），可由ETWatch计算获得。

4.2.2　农田净初级生产力时空分布特征

研究区农田生态系统的年均NPP值统计结果显示，2000—2010年研究区农田NPP变化范围为0.72～0.87g/m^2·年，平均值0.79g/m^2·年，最大值出现在2010年，达到0.87g/m^2·年，最小值出现在2003年，为0.66g/m^2·年，如图4-2所示。从时间分布来看，2000—2010年整体呈上升趋势，2003年、2006年、2009年出现低值波动，农业生产力水平与气候变化因素有关，2003年夏季出现异常低温多雨天气是造成该时段NPP指数偏低的主要原因。河南省黄淮平原2000—2010年NPP空间分布如图4-3所示。

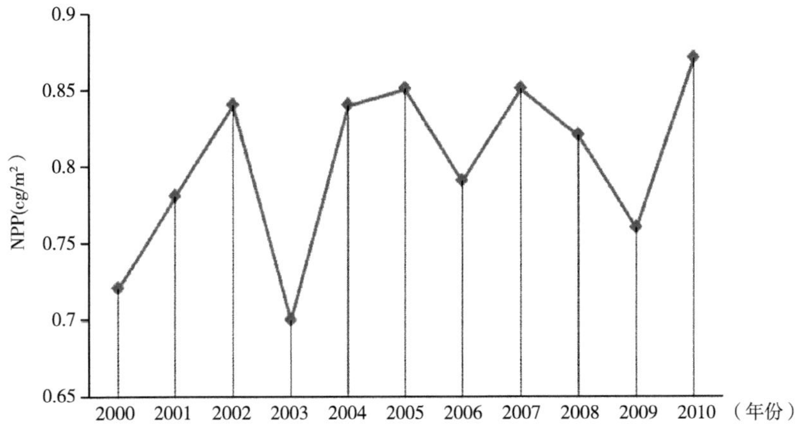

图4-2　2000—2010年河南省黄淮平原农田NPP年际变化统计

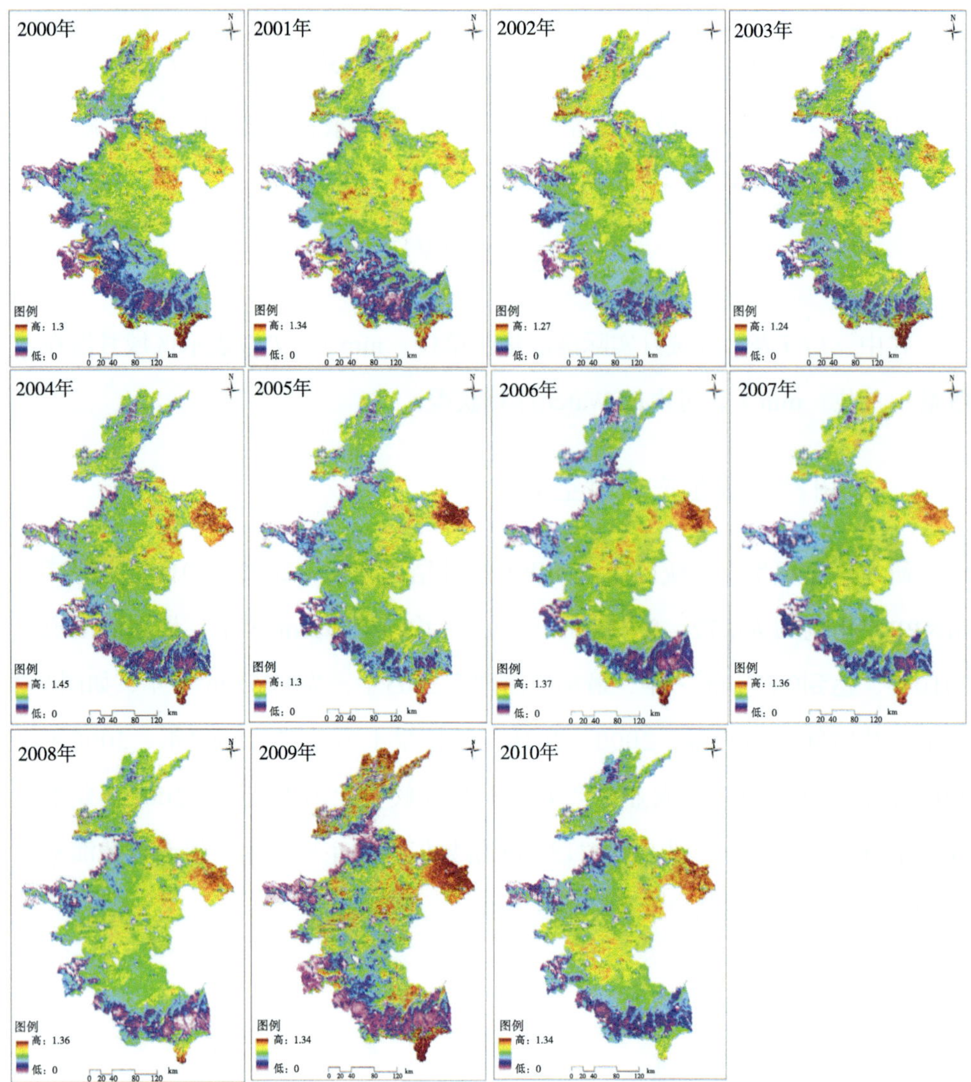

图4-3　河南省黄淮平原2000—2010年NPP空间分布

2000—2010年黄淮平原农田每个像元的NPP变化范围为0.1～1.38g/m^2·年，且农作物NPP的分布呈现明显的空间分异特征（图4-4）。整体来看，大别山北麓波状平原区农田NPP较低，NPP值一般小于0.7g/m^2·年；黄河南平缓平原区较高，NPP值一般大于1.1g/m^2·年。经统计，全国范围内有14%的像元农作物NPP值<0.7g/m^2·年，主要分布在黄淮平原的西部边缘及南部区域，有18.96%的像元农作物NPP值>1g/m^2·年，主要分布在黄淮平原的东部及中部区域。

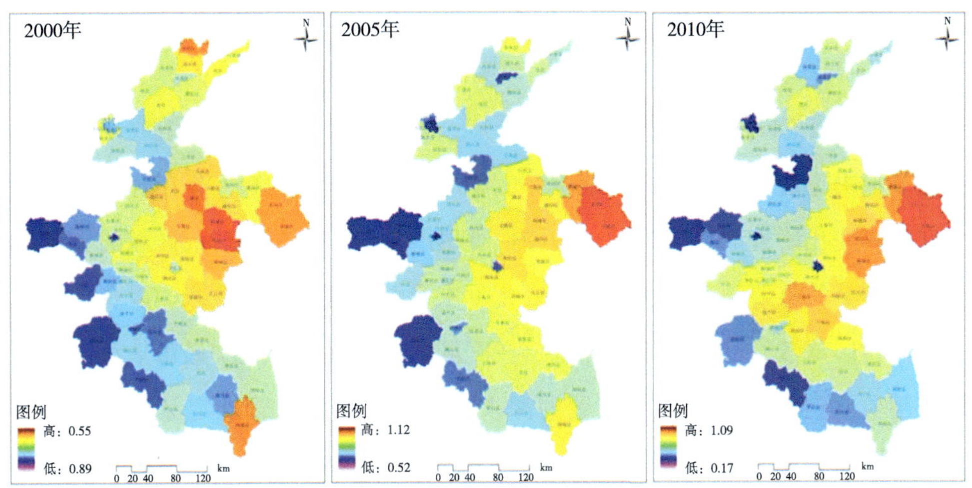

图4-4 河南省黄淮平原县域2000年、2005年、2010年NPP空间分布

分析河南省黄淮平原2001—2010年年均NPP值逐年像元变化趋势，63.78%的像元NPP呈增加趋势；32.12%的像元NPP保持稳定，年际变化范围为-0.1～0.1g/m^2·年；4.1%的像元NPP呈减少趋势。黄淮农业区中南部NPP值较高，NPP增加趋势亦明显。黄淮平原农业区作为重要的粮食基地，粮食产量一直很高，随着经济发展，农业生产条件不断改善，农业生产力逐渐提高。农田NPP的变化趋势能够反映输入到农田中有机物质的变化情况。但是在土壤资源的利用过程中，也存在着土肥力退化、土壤盐渍化等。河南省黄淮平原2000—2010年农田NPP变化情况如图4-5所示。

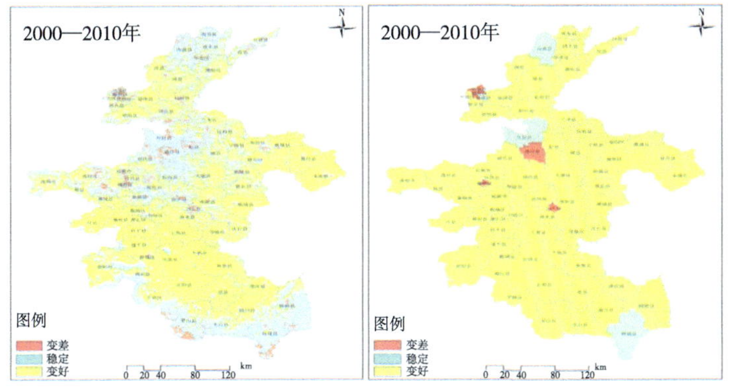

图4-5 河南省黄淮平原2000—2010年农田NPP变化情况

（左图：基于像元变化统计；右图：基于县域平均值统计）

4.3 农田地表蒸散发

蒸散发（Evapotranspirarion，ET），是流域水循环的重要组成部分和关键环节，决定着地球系统中“地圈—生物圈—大气圈”的相互作用和反馈，是全球气候变化研究的核心问题。准确估算蒸散发对于研究全球或区域的水量和能量平衡至关重要，并关系到气候变化、水资源管理、作物估产，以及环境保护等问题。蒸散发受诸多因子控制，在区域陆面水循环分量中最难估算。近年来，随着水资源和生态环境问题的深入，特别是水资源管理定量化的迫切要求，蒸散发的定量研究及格局分析尤为重要。尤其在干旱半干旱地区，明确流域实际蒸散发的时空格局变化，对于合理开发利用水资源、提高流域资源利用率以及保障流域生态健康具有重要意义。

4.3.1 蒸散发遥感估算方法

4.3.1.1 计算方法

利用MODIS产品数据、AMSR-E亮温数据及辅助数据（DEM、气象数据），采用ETWatch方法，反演地表蒸散发。

4.3.1.2 基本参数与数据来源

参数1：归一化植被指数、地表反照率、地表温度。直接从MODIS产品中获取。

参数2：土壤表层含水量。

从MODIS网站获取ARMS-E微波遥感逐日亮温数据（18.7GHz和10.7GHz两个频率，V和H极化），通过数据提取、投影转换等方法对基础遥感数据预处理；依据微波极化指数计算方法［$PR=(TBv-TBh)/(TBv+TBh)$］，分别计算不同波段的微波极化指数，并计算逐月10.7GHz的微波极化指数极小值，作为基准指数值。

基于微波辐射传输模型，考虑裸露地表和有植被覆盖的情况、地表粗糙度、植被层衰减作用和大气衰减作用，植被单次反照率为0，并将植被光学厚度和地表粗糙度结合起来形成g参数（$\alpha g = h + 2\tau$，α是一个随频率而变的校正系数），从大气层顶卫星传感器的亮温与地面向上的总辐射亮温关系中，可以将土壤水分与g参数分离，得到g参数的计算式：

$$(T_{Bv} - T_{Bh}) / (T_{Bv} + T_{Bh}) = (e_{Ov} - e_{Oh}) / (e_{Ov} + e_{Oh})(1 - 2Q)\exp(-\beta\alpha g)$$

通过同步测量的Q和辐射亮温T，得到g参数表达式 $g = a1 + a2 \times \ln(PR_{\min})$ 中的经验系数，同时得到土壤水分反演关系式：

$M_V = A + B \times g + C \times (PR - PR_{\min}) \times \exp(D \times g)$ 中的经验系数。

参数3：粗糙度。利用植被指数和DEM数据按照下面方法获得粗糙度，具体方法如下。

使用植被、地形、非植被覆盖表面的几何粗糙度等因素来表达区域的综合有效粗糙度，方法如下：

植被区的粗糙度，是植被指数与植被覆盖度的函数：

$$z_{0m}^{v} = 0.001 + \left(0.5 \cdot \frac{NDVI}{NDVI_{\max} - NDVI_{\min}}\right)^{2.5}$$

在地形起伏的情况下，考虑坡度因子对粗糙度的影响：

$$z_{0m}^{T} = z_{0m}^{v} \cdot \left(1 + \frac{slope - a}{b}\right)$$

参数4：净辐射。利用地表反照率、地表温度、气象观测站观测的空气温度、湿度、大气压、日照时数等数据计算净辐射，具体方法如下。

地表反照率、地表温度通过MODIS一级产品数据的预处理获得。

净辐射量决定着可供显热、潜热分配的有效能量，是直接影响蒸散量大小的重要参量。

$$R_{n24} = (1 - \alpha) R_{a24} \tau_{sw} - 110 \tau_{sw}$$

式中，R_{n24}为全天净辐射；α为地表反照率；R_{a24}为全天地外太阳辐射；τ_{sw}为短波透过率。为反映日净辐射受云的影响，在透过率中引入日照时数：

$$\tau_{sw} = a_s + b_s \frac{n}{N}$$

式中，n为日照时数；N为晴空最大日照时数；a和b为经验系数并采用P-M模型的方法计算太阳长波辐射项R_{nl}：

$$R_{nl} = \sigma\left[\frac{T_{\max}^4 + T_{\min}^4}{2}\right]\left(0.34 - 0.14\sqrt{e_a}\right)\left(1.35\frac{R_s}{R_{s0}} - 0.35\right)$$

式中，σ为史蒂芬—玻尔兹曼常数（4.903×10^{-9} MJ K^{-4} m^{-2} d^{-1}），$T_{\max}$和$T_{\min}$分别为当日最高气温和最低气温，e_a为实际水汽压，R_s和R_{s0}分别为太阳短波辐射（考虑全天透过率）和晴空条件下太阳短波辐射。

参数5：蒸发比。利用净辐射、土壤热通量、植被指数NDVI、感热通量数据计算蒸发比。具体方法如下。

利用净辐射计算土壤热通量，公式如下：

$$G_0 = R_n\left[\Gamma_c + \left(1 - f_c\right)\left(\Gamma_s - \Gamma_c\right)\right]$$

其中，假定所有植被冠层条件下土壤热能量与净辐射的比值Γ_c=0.05（Monteith，1973），裸土条件下土壤热能量与净辐射的比值Γ_s=0.315（Kustas and Daughtry，1989）。然后，对于介于这些边界条件之间的情形，用冠层覆盖度f_c进行内插处理，通过植被指数$NDVI$获得。

感热通量根据大气边界层相似理论获得。在大气近地层中，根据大气边界层相似理论，有以下关系：

$$u = \frac{u_*}{k}\left[\ln\left(\frac{z - d_0}{z_{0m}}\right) - \Psi_m\left(\frac{z - d_0}{L}\right) + \Psi_m\left(\frac{z_{0m}}{L}\right)\right]$$

$$\theta_0 - \theta_a = \frac{H}{ku_*\rho C_p}\left[\ln\left(\frac{z - d_0}{z_{0h}}\right) - \Psi_h\left(\frac{z - d_0}{L}\right) + \Psi_h\left(\frac{z_{0m}}{L}\right)\right]$$

$$L=-\frac{\rho C_p u_* \theta_v}{kgH}$$

式中，z为参考高度；u为风速；u_*为摩擦风速；d_0为零平面位移高度；z_{0m}为动力学粗糙长度；Ψ_m和Ψ_h分别为动力学和热力学传输的稳定度订正函数；θ_0和θ_a分别是观测面和参考面高度的虚温；L为莫宁霍夫长度；H是感热通量；k为卡尔曼常数；ρ是空气密度；C_p为空气的热容；θ_v为近地表的位温；g为重力加速度。

摩擦风速u_*、感热通量H，莫宁霍夫长度L可以通过迭代求解以上三个方程得到，其他变量可以通过气象观测站信息以及遥感数据预处理信息获得。

蒸发比的计算：

$$\Lambda=\frac{\lambda E}{R_n-G_0}=\frac{\Lambda_r\cdot\lambda E_{wet}}{R_n-G_0}\ ;\ \Lambda_r=\frac{\lambda E}{\lambda E_{wet}}=1-\frac{H-H_{wet}}{H_{dry}-H_{wet}}$$

$$H_{wet}=\left(\left(R_n-G_0\right)-\frac{\rho C_p}{r_{ew}}\cdot\frac{e_s-e}{\gamma}\right)\Big/\left(1+\frac{\Delta}{\gamma}\right)\ ;\ H_{dry}=R_n-G_0$$

其中，Λ为蒸发比；Λ_r为相对蒸散。H_{dry}为在极干情况下的显热通量，此时潜热通量为0，显热通量值最大。H_{wet}为在极湿情况下的显热通量，此时显热通量值最小，潜热通量最大。

参数6：逐日表面阻抗。利用晴空表面阻抗、逐日NDVI、逐日气温和大气压计算逐日表面阻抗。具体方法如下。

晴空表面阻抗是结合P-M模型计算得到，公式如下：

$$\lambda ET=\frac{\Delta\left(R_n-G\right)+\rho_a C_p\dfrac{\left(e_s-e_a\right)}{r_a}}{\Delta+\gamma\left(1+\dfrac{r_s}{r_a}\right)}$$

式中，λET是参照腾发量（晴空日的蒸散发）；R_n是冠层表面净辐射；G是土壤热通量；ρ_a是空气密度；e_s是饱和水汽压；e_a是实际水汽压；Δ是饱和水汽压—气温曲线斜率；γ是湿度计常数；r_s是表面阻抗（晴空表面阻抗）；r_a是空气动力学阻抗，简化为2m风速的函数。

瞬时遥感蒸散量时间扩展的思路主要在于确定逐日的表面阻抗或土壤湿度胁迫，先用遥感蒸散模型结合P-M模型计算出晴好日阻抗，以下式表达晴好日阻抗与邻近日阻抗的关系：

$$RS_{unc}=\frac{LAI_{clr}\cdot RS_{clr}}{LAI_{unc}\times m(T_{\min})\times m(VPD)}$$

式中，RS_{unc}为无晴好图像日需要确定的阻抗项，而RS_{clr}为晴日阻抗项，LAI_{clr}为对应日的叶面积指数s，对于影像缺失日的LAI_{unc}，采用了时间序列谐波分析方法来逐像元的平滑以获得其时间序列，$m(T_{\min})$和$m(VPD)$为最低气温和水汽压差的分段函数，以表达极端温湿条件对植物气孔开闭的制约作用。

4.3.2 农田地表蒸散发

我国农业用水总量占全国总用水量的60%以上。蒸散发（ET）是农田耗水的最主要组成部分，70%以上的农田用水量通过蒸散发的形式耗散。黄淮平原是我国最大的粮食生产区，水资源总量十分有限，区内人均水资源量只有全国平均值的1/4。因此，准确掌握农田蒸散发量对于指导农业水管理，提高灌溉效率和合理利用水资源具有重要意义。

2000—2010年，黄淮平原的平均ET为695mm，波动范围为652～749mm。2002年、2004年、2005年年蒸散发超出多年平均值较高，原因在于这些时段该区域年降水量较高，大幅超出多年平均降水量，良好的供水条件有利于蒸散发。同时2007年、2008年出现低值波动，河南省2007年、2008年整体降水较少，部分区域出现严重旱情。2000—2010年以来黄淮平原ET呈增加趋势，2010年较2000年ET值增加58mm。2000年ET较高的区域主要分布在黄淮平原中北部区域，较低区域分布在黄淮平原西南边缘。2010年ET较高区域出现明显南移趋势，ET较高区域分布在中南部，北部区域ET值较低，如图4-6、图4-7所示。

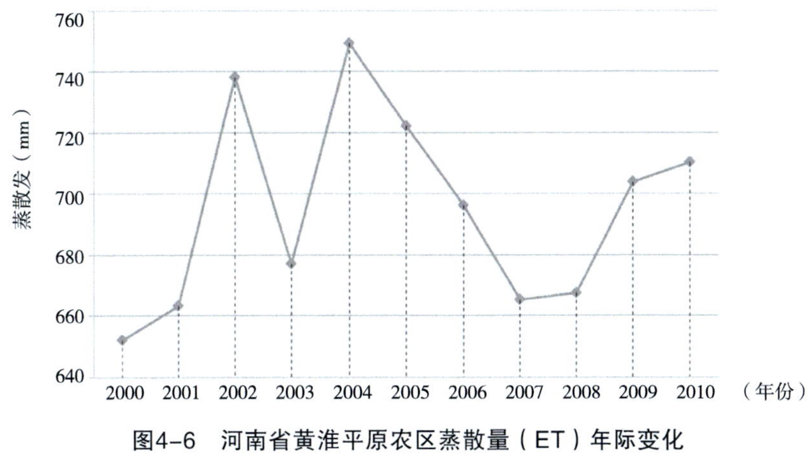

图4-6　河南省黄淮平原农区蒸散量（ET）年际变化

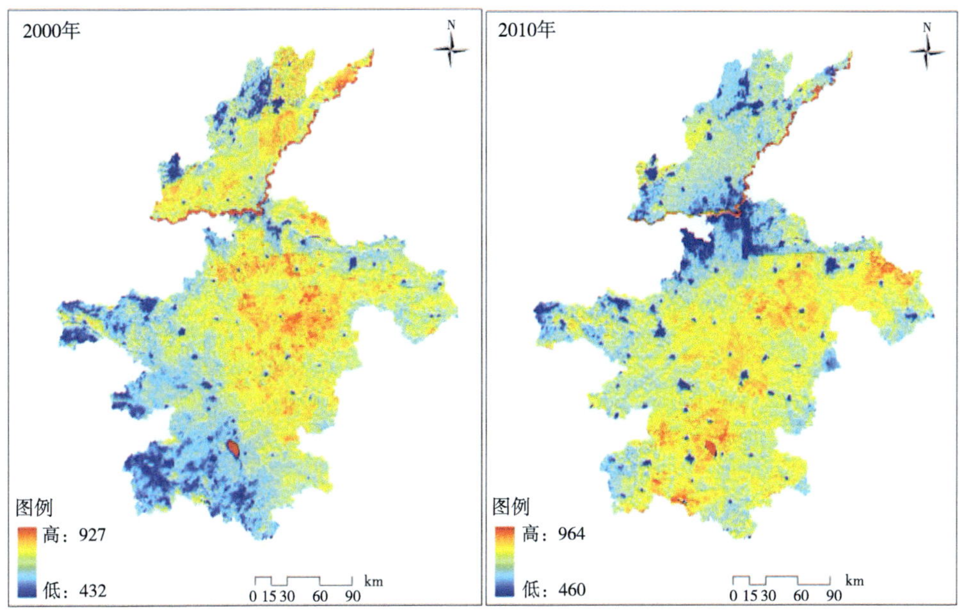

图4-7　2000年、2010年河南省黄淮平原农区蒸散量（ET）空间分布

2000年和2010年黄淮平原平均逐月蒸散发量如图4-8所示。从图4-8可以看出，尽管2000年的月蒸发量整体小于2010年，但仅在5—7月存在明显偏小。这是由于在3—4月小麦生长期内进行灌溉，缓解了由于降水量不足导致的干旱。从整个区域来看，黄淮平原中南部、北部部分区域蒸散量有所增加，沿黄

区域蒸散量有所减少。基于栅格的黄淮平原农区2000年、2010年年蒸发量变化分布如图4-9所示。

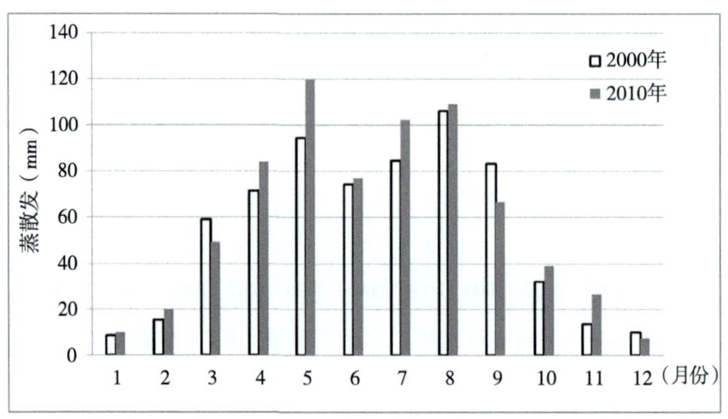

图4-8　河南省黄淮平原农区2000年、2010年年均逐月蒸发量

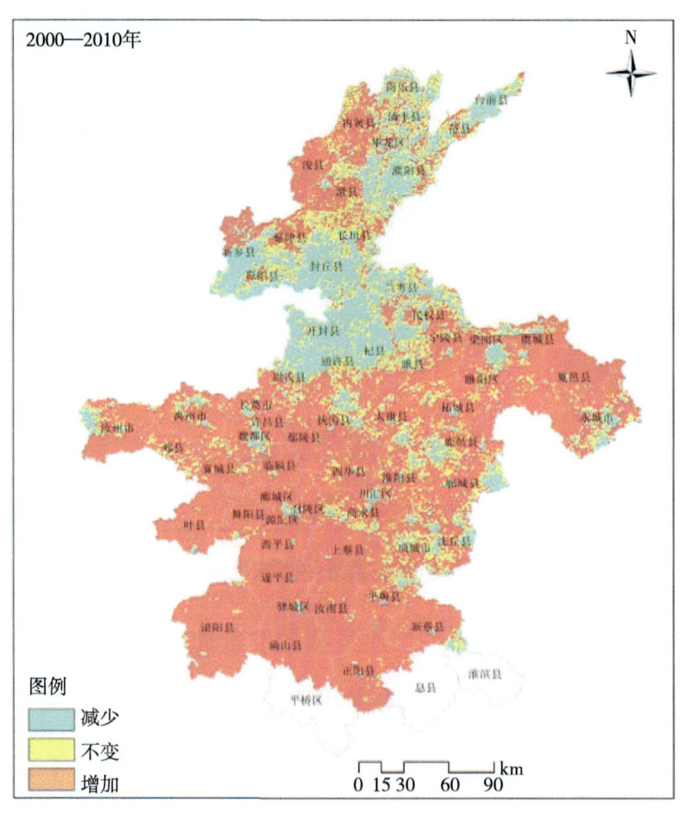

图4-9　基于栅格的黄淮平原农区2000—2010年年蒸发量变化分布

5　典型农区地表自然资源禀赋统计与分析

5.1　地形地貌指标

5.1.1　地貌类型

河南省黄淮平原地貌类型多样（图5-1、表5-1），总面积为83 596.38km^2，分布有67种小地貌单元。其中水体包括湖泊、水库、河流等占该区总面积的0.67%，河漫滩地占比5.94%，侵蚀剥蚀地貌类型总面积为11 636.05km^2，占黄淮平原粮食主产区总面积的13.92%，其他地貌类型面积为67 018.80km^2，占粮食主产区总面积79.47%。在这些地貌类型中，河漫滩和侵蚀剥蚀两种地貌类型不利于粮食生产，占区域面积的19.86%，其中黄土侵蚀堆积地貌区占全区总面积的4.83%，喀斯特侵蚀地貌占0.01%，侵蚀剥蚀地貌占粮食主产区总面积的9.08%（图5-2）。

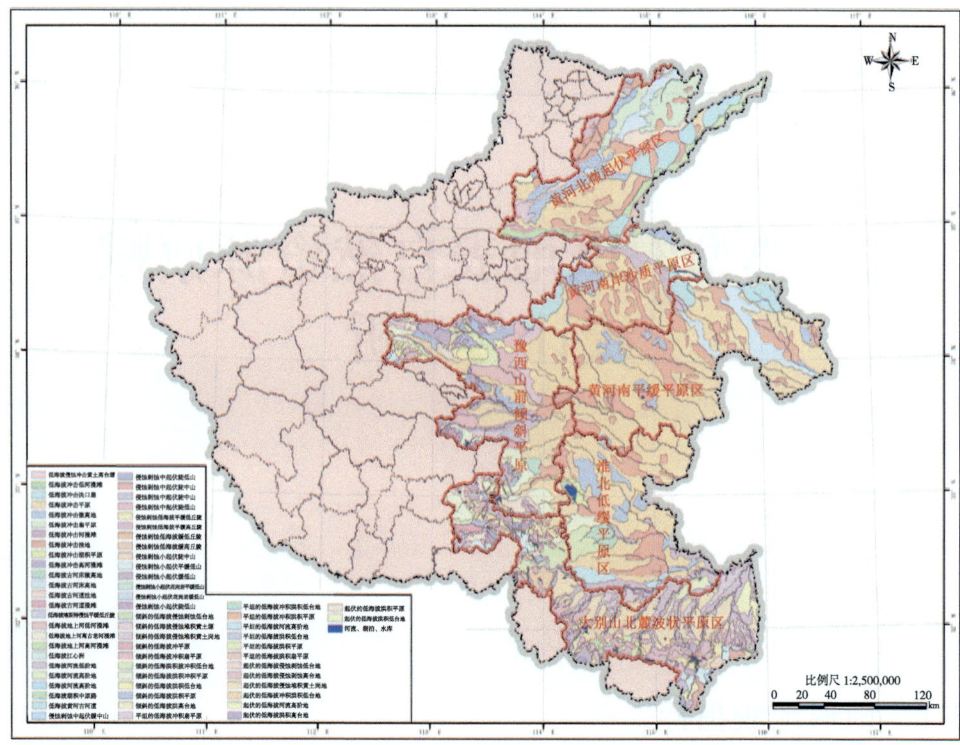

图5-1　河南省黄淮平原地貌类型分布

表5-1　河南省黄淮平原地貌类型

地貌类型		面积（km²）	合计面积（km²）	面积百分占比（%）
水体	湖泊	12.22	577.32	0.67
	水库	304.55		
	河流	260.55		
河漫滩	现代河漫滩	3 229.17	4 964.21	5.94
	古河道漫滩	1 735.04		
江心洲		7.36	7.36	0.01
黄河古河道		70.93	70.93	0.08
黄土地貌	侵蚀冲积黄土高台塬	45.68	4 039.53	4.83
	侵蚀堆积黄土塬	47.66		
	侵蚀堆积黄土岗地	3 946.19		

（续表）

地貌类型		面积（km²）	合计面积（km²）	面积百分占比（%）
阶地	高阶地	1 014.69	6 222.27	3.57
	低阶地	5 207.58		
决口扇	冲积决口扇	2 981.40	2 981.40	3.57
洼地	冲积洼地	10 249.67	10 863.78	13.00
	古河道洼地	614.11		
高地	古河床高地	2 231.97	6 441.88	7.71
	冲积微高地	4 200.98		
	古河床微高地	8.92		
台地	洪积台地	1 104.56	4 093.321	4.90
	冲积洪积台地	2 219.16		
	侵蚀剥蚀高台地	769.61		
平原	冲积平原	27 365.00	36 480.46	43.65
	湖积平原	78.51		
	冲积扇平原	4 008.11		
	洪积扇平原	1.81		
	河谷平原	164.44		
	冲积湖积平原	169.99		
	洪积平原	2 239.87		
	冲积洪积平原	2 452.74		
丘陵	侵蚀剥蚀丘陵	3 386.90	3 391.60	4.06
	喀斯特侵蚀平缓低丘陵	4.69		
低山	侵蚀剥蚀低山	3 066.67	3 066.68	3.67
中山	侵蚀剥蚀中山	368.65	368.65	0.44

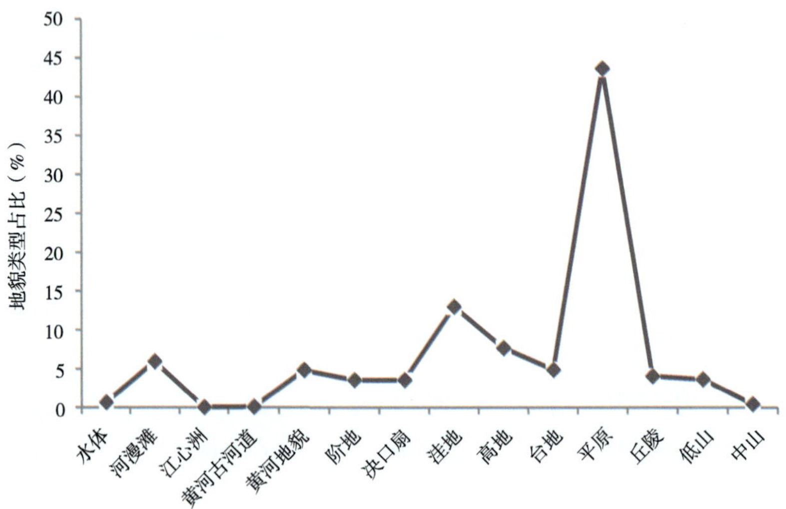

图5-2　河南黄淮平原地貌类型占比

5.1.1.1　黄河北微起伏平原区地貌类型分布

黄河北微起伏平原区位于河南省粮食生产核心区最北端，地貌类型多样，河漫滩、水体、平原和其他地貌类型占比有较大的差别（表5-2、图5-3）。其中该地区以平原为主，面积为5 017.08km^2，占该区域面积的35.47%；其次为洼地地貌类型，面积为2 804.43km^2，占该区域面积的19.83%；丘陵、水体和台地的地貌类型占比最小，分别为0.18%、0.84%和1.17%。

表5-2　黄河北微起伏平原区地貌类型

地貌类型	平原	河漫滩	水体	阶地	丘陵
面积（km^2）	5 017.08	1 771.48	118.81	659.80	26.11
面积占比（%）	35.47	12.53	0.84	4.67	0.18
地貌类型	决口扇	洼地	高地	台地	
面积（km^2）	1 407.64	2 804.43	2 172.72	165.22	
面积占比（%）	9.95	19.83	15.36	1.17	

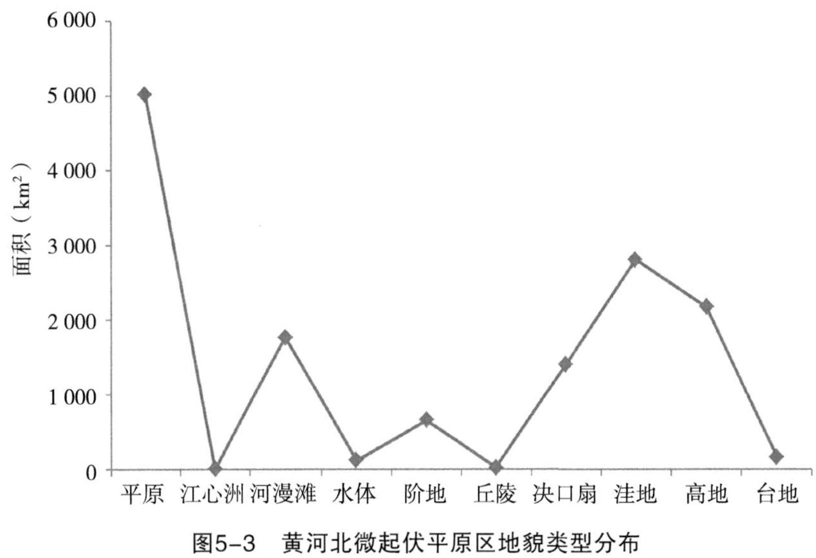

图5-3 黄河北微起伏平原区地貌类型分布

5.1.1.2 黄河南岸沙质平原区

该地区以平原地貌为主，其平原面积占该地区的58.03%，面积为9 820.48km^2。地形平坦，历史上的黄河在该区决口泛滥和改道极为频繁，对地貌影响较为广泛，古河床高地、古河道洼地、地上河高古老河漫滩、决口扇等黄河冲积扇微地貌类型丰富。其中洼地和河漫滩地相对占比较高，分别为14.66%和12.31%（表5-3、图5-4）。

表5-3 黄河南岸沙质平原区地貌类型

地貌类型	平原	江心洲	水体	黄河古河道	河漫滩
面积（km^2）	9 820.48	4.14	144.83	46.94	2 083.53
面积占比（%）	58.03	0.02	0.86	0.28	12.31
地貌类型	阶地	决口扇	洼地	高地	
面积（km^2）	673.27	969.85	2 480.82	699.9	
面积占比（%）	3.98	5.73	14.66	4.14	

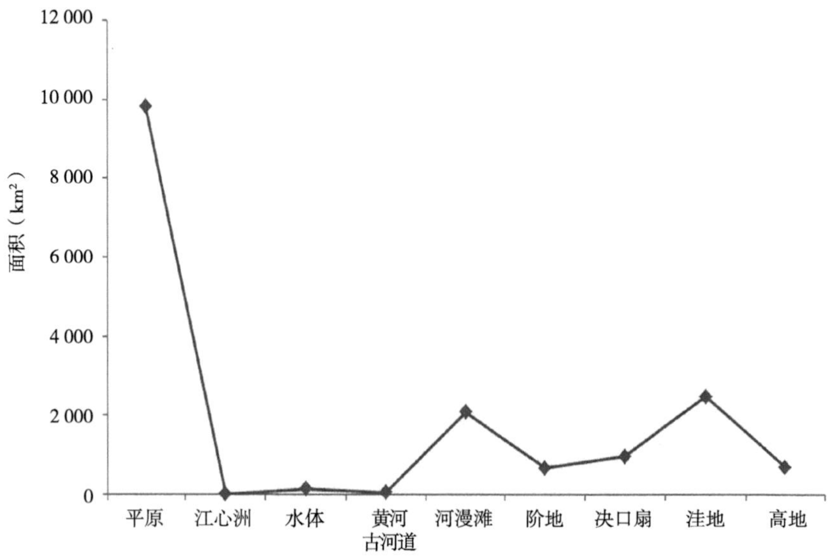

图5-4　黄河南岸沙质平原区地貌类型分布

5.1.1.3　豫西山前倾斜平原区

该区域地貌类型丰富，共有11种，从西到东，地貌类型从山地到丘陵再到平原，地势起伏较大，平原面积占比依然较大，为68.62%，且这些地貌区域的土地在春季水土容易发生流失，不利于农耕。其次地貌类型占比均较小，其中低山在这个区域占比为6.99%（表5-4、图5-5）。

表5-4　豫西山前倾斜平原区地貌类型

地貌类型	阶地	决口扇	洼地	高地	低山	中山
面积（km^2）	710.48	529.53	1 338.25	186.29	1 587.89	25.21
面积占比（%）	3.13	2.33	5.89	0.82	6.99	0.11

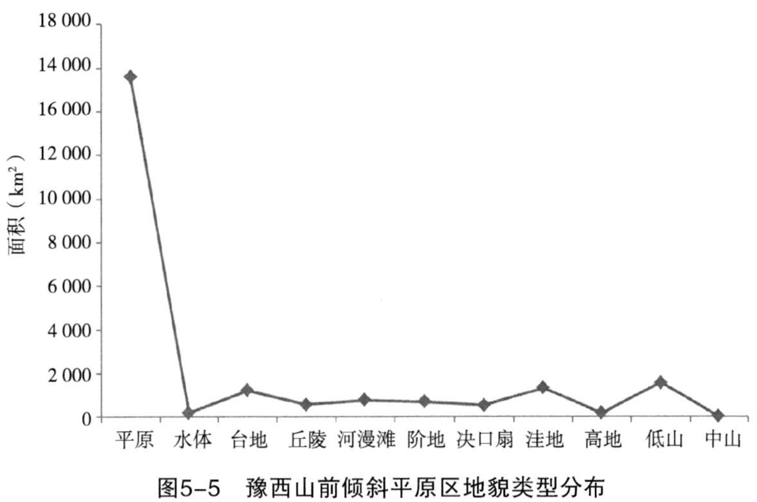

图5-5 豫西山前倾斜平原区地貌类型分布

5.1.1.4 黄河南平缓平原区

黄河南平缓平原区的平原占比为60.75%，该地区地貌类型相对较为简单，洼地在这个区域有一定的占比，在全区的面积占到18.56%。河漫滩和高地的占比分别为7.08%和7.65%。该区域地形平坦，高地、阶地等地貌类型属于高平型，较适宜农耕（表5-5、图5-6）。

表5-5 黄河南平缓平原区地貌类型统计

地貌类型	平原	水体	丘陵	黄河古河道	河漫滩
面积（km^2）	18 351.25	140.57	5.34	24.00	2 137.77
面积占比（%）	60.75	0.47	0.02	0.08	7.08
地貌类型	阶地	决口扇	洼地	高地	
面积（km^2）	673.27	958.82	5 607.57	2 310.94	
面积占比（%）	2.23	3.17	18.56	7.65	

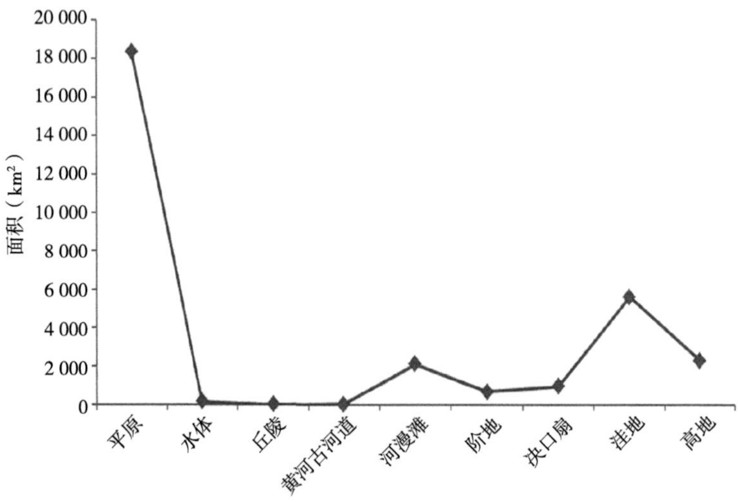

图5-6　黄河南平缓平原区地貌类型分布

5.1.1.5　淮北低缓平原区

淮北低缓平原区是河南省粮食生产核心区的主体部分，该区平原面积占比为58.72%，水体相对其他粮食产区也较为丰富，占该地区面积的1%，其中阶地、洼地面积分别占11%、11.17%，地势平坦，土壤肥沃，有着天然的耕种条件（表5-6、图5-7）。

表5-6　淮北低缓平原区地貌类型

地貌类型	平原	水体	河漫滩	阶地
面积（km²）	12 735.83	217.36	617.08	2 386.34
面积占比（%）	58.72	1.00	2.84	11.00
地貌类型	洼地	高地	台地	
面积（km²）	2 422.22	1 191.24	2 120.23	
面积占比（%）	11.17	5.49	9.78	

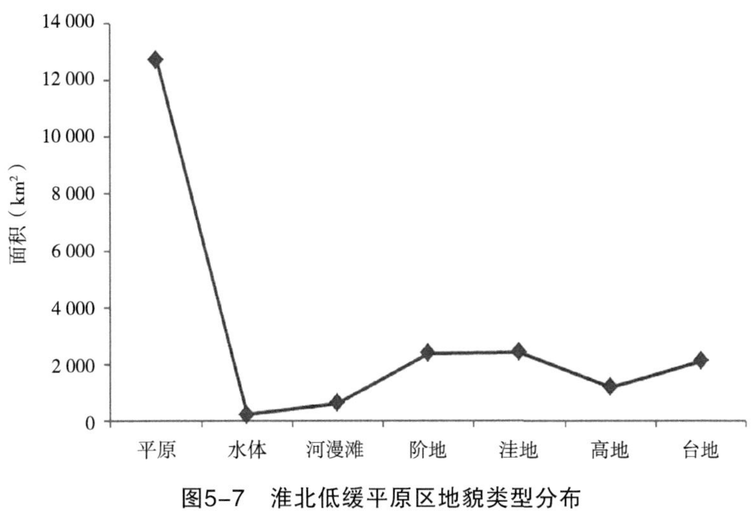

图5-7 淮北低缓平原区地貌类型分布

5.1.1.6 大别山北麓坡面平原区

大别山北麓坡面平原区各地貌类型占比差距不突出，与其他地貌区不同的是台地的面积分布最广，占区域总面积的34.70%。该区域的水资源分布也较为丰富，占全区的1.61%，其中丘陵、低山和平原的面积相差不大，且都是小块状分布，不适宜大面积的农作物耕种（表5-7、图5-8）。

表5-7 大别山北麓坡面平原区地貌类型

地貌类型	平原	水体	丘陵	河漫滩
面积（km^2）	2 509.00	309.24	2 824.87	773.44
面积占比（%）	13.09	1.61	14.74	4.04

地貌类型	阶地	台地	低山	中山
面积（km^2）	3 810.26	6 648.77	1 941.37	343.44
面积占比（%）	19.89	34.70	10.13	1.79

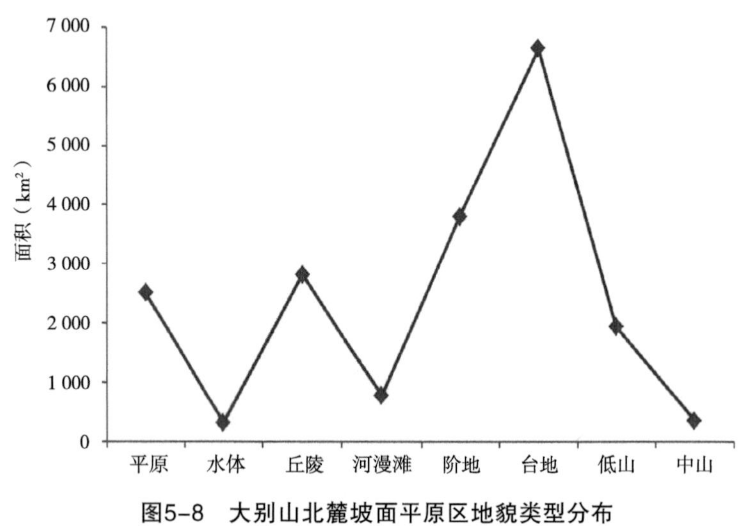

图5-8 大别山北麓坡面平原区地貌类型分布

5.1.2 坡度因子

根据坡度对农业机械运行的限制程度和土地对农业适宜性以及土壤侵蚀等指标，将河南省黄淮平原区的地面坡度划分为0°～2°、2°～6°、6°～15°、15°～25°和>25°5个级别。其中该区域的豫西山前倾斜平原和大别山波状起伏平原的坡度变化大，>25°的坡度占比面积较多，从农业的适宜性出发又做了0°～6°、6°～15°、15°～25°、25°～35°和>35°的划分。其中，0°～6°为最适宜耕作的基本农田和农业机械化适宜区；2°～6°在黄土分布区域可发生轻度土壤侵蚀，需要注意水土保持；15°是基本农田分布和农业机械作业区的坡度上限；6°～15°可发生中度水土流失，需加强水土保持；25°为土地垦殖区的上限；15°～25°是水土流失严重区域，需采取综合措施防治水土流失；25°～35°主要为宜林用地；35°以上坡地需要护坡植林，封山育林。

如图5-9所示，河南省黄淮平原区粮食主产区的地表坡度变化在0°～80°，不同地貌区各级坡度的面积大小和面积占比如表5-8、表5-9所示。0°～6°适宜耕作的基本农田和农业机械化适宜区面积为77 824.79km²，占全区面积的92.86%，是河南省基本农田的核心分布区。该地区适宜机械化耕种，主要分布在黄河冲积扇的扇面平原区以及淮北的平原区。大于6°坡度的地表面积仅有5 980.30km^2，占黄淮平原总面积的7.14%，主要分布在沿豫西山地和桐柏大别山的山前平原区。

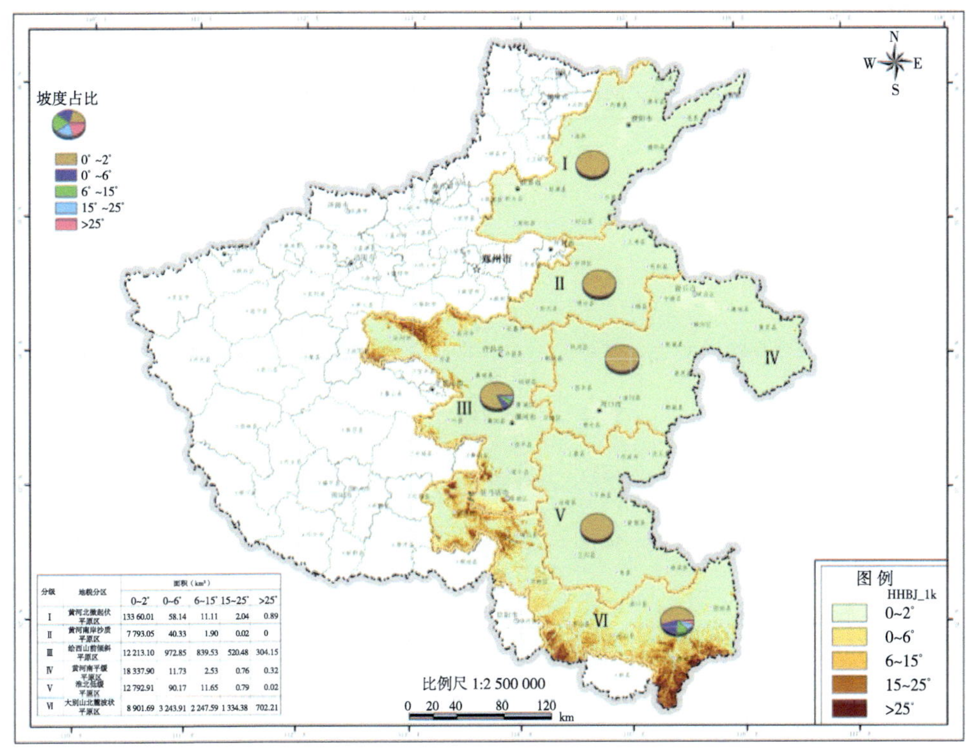

图5-9 河南省黄淮平原坡度分级分布

表5-8 河南省黄淮平原坡度分级面积

坡度分级面积（km^2）	0°~2°	2°~6°	6°~15°	15°~25°	>25°
黄河北微起伏平原区	13 360.01	58.14	11.11	2.04	0.89
黄河南岸沙质平原区	7 793.05	40.33	1.90	0.02	
豫西山前倾斜平原区	12 213.10	972.85	839.53	520.48	304.15
黄河南平缓平原区	18 337.90	11.73	2.53	0.76	0.32

（续表）

坡度分级面积（km²）	0°～2°	2°～6°	6°～15°	15°～25°	>25°
淮北低缓平原区	12 792.91	99.17	11.65	0.79	0.02
大别山北麓波状平原区	8 901.69	3 243.91	2 247.50	1 334.38	702.21
合计	73 398.66	4 426.13	3 114.23	1 858.47	1 007.60

表5-9　河南省黄淮平原坡度分级面积占比

坡度占比（%）	0°～2°	2°～6°	6°～15°	15°～25°	>25°
黄河北微起伏平原区	99.46	0.43	0.08	0.02	0.01
黄河南岸沙质平原区	98.96	0.51	0.02	0.00	
豫西山前倾斜平原区	82.24	6.55	5.65	3.50	2.05
黄河南平缓平原区	99.92	0.06	0.01	0.00	0.00
淮北低缓平原区	99.13	0.77	0.09	0.01	0.00
大别山北麓波状平原区	54.18	19.74	13.68	8.12	4.27
黄淮平原	87.58	5.28	3.72	2.22	1.20

5.1.2.1　大别山北麓波状平原区

大别山北麓波状平原区，0°～6°占总区域面积为54.18%，属于基本农田耕作和农业机械化适宜区，该区农耕地占53.22%；6°～15°地表占区域总面积的19.74%，但该坡度级别的耕地面积占71.41%，易发生水土流失，需加强水土保持；25°～35°是水土流失严重区域，适宜林地种植，但该区林地种植面积仅占5.52%；35°以上的坡度地表需护坡植林。

5.1.2.2　豫西倾斜平原区

豫西倾斜平原区0°～6°的坡度的地表总面积为88.79%，其中以耕地为主，占72.30%。6°以上地表主要为黄土、类黄土的冲洪积物，易于发生水土流失，耕地占比较小，共为20.54%；25°～35°的地表林地种植面积为29.61%，适宜林地种植，但相对来说林地种植面积还较少；35°以上的林地种植面积占比为41.30%。与大别上北麓山前平原比较来说，豫西山前平原的水土保持工作较好（表5-10）。

表5-10　不同坡度带耕地林地面积

地貌单元	土地利用类型	0°～6°	6°～15°	15°～25°	25°～35°	>35°
豫西倾斜平原	耕地	72.30%	12.94%	5.03%	1.53%	0.52%
	林地	9.92%	14.11%	22.80%	29.61%	41.30%
大别山北麓波状平原	耕地	53.22%	71.41%	14.27%	2.71%	0.60%
	林地	6.37%	13.46%	9.92%	5.52%	2.17%

5.2　土壤分布指标

5.2.1　土壤状况

5.2.1.1　土壤类型空间分布

根据河南省农业厅提供的河南省土壤类型数据，统计分析得知黄淮平原的土壤类型共有7个土纲，15个土类，33个亚类，如图5-10、图5-11所示。除去水体，土壤面积为83 242.36km^2。该区土壤水平分布随纬度、气候、植被和地形地貌不同而形成不同的类型。伏牛山——淮河以北的平原阶地丘陵，在落叶阔叶林植被下，广泛分布着褐土，为暖温带地带性土壤；该线以南地区属于北亚热带气候，植被类型属落叶阔叶林中有常绿阔叶树种，地带性土壤为黄棕壤。

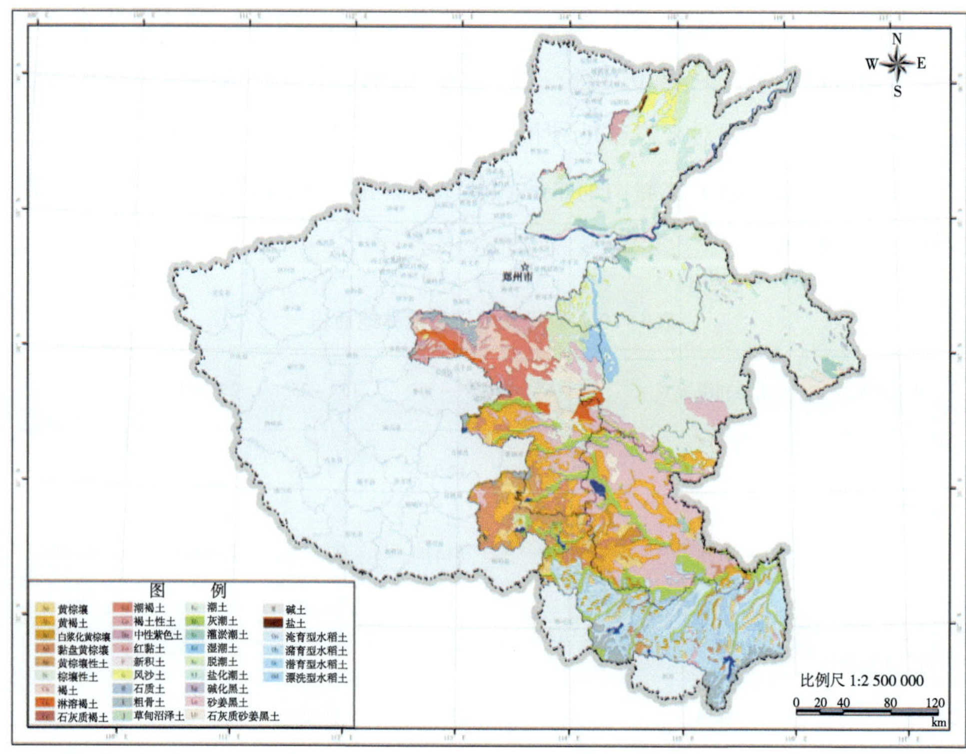

图5-10　河南省黄淮平原土壤类型分布

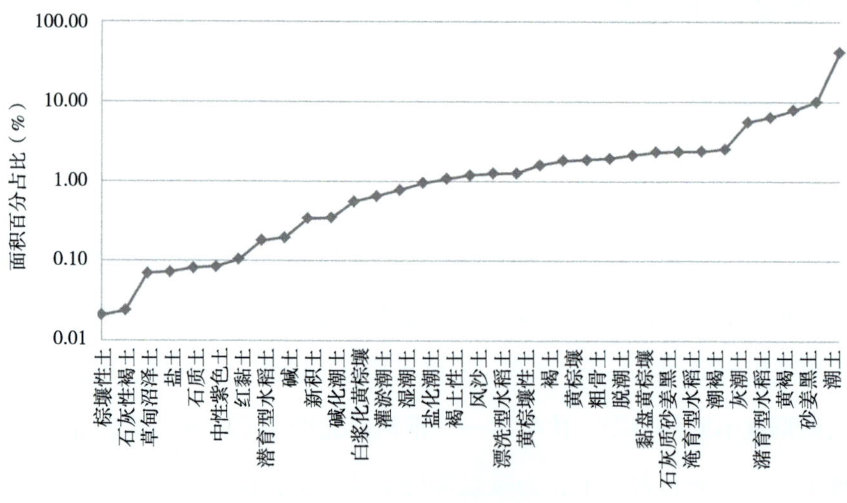

图5-11　土壤类型面积百分占比

黄棕壤是我国北亚热带常绿阔叶林和落叶阔叶林下发育的地带性土壤，面积1 560.36km²，总面积较小，占1.87%。主要分布在黄淮平原的豫西山前平原和淮北平原西南部和大别山北麓平原的西北部，即伏牛山和桐柏大别山的低山、丘陵缓坡地，呈狭带状分布。该土层厚薄差异大，土壤养分高，保肥力强，但由于分布的地带坡度较大，适宜多种树木，需加强水土保持工作。黄棕壤性土总面积为1 329.64km²，占区域总面积的1.6%，该土壤类型养分一般，但质地适中，保水保肥能力强，土壤耕性良好，适耕期长。黄褐土，总面积为6 503.89km²，占全区面积的7.81%，保水保肥性能好，较耐旱，但土质黏重，耕作困难，土体有砂姜，但如果是发育在洪坡积的黄褐土，肥力较好。黏盘黄棕壤多处在丘陵垄岗地，总面积为1 952.55km²，占比2.35%。白浆化黄棕壤疏松易耕，适耕期长，但保水保肥能力差，在黄淮平原的面积和占比非常小。

中性紫色土、新积土、风沙土、红黏土、粗骨土、石质土均属于初育土。其中红黏土土壤贫瘠，分布区相对干旱，是全省中低产土壤。紫色土属于石质性土，主要分布在豫西和豫南的低山丘陵区，相对来说，沙质的中性紫色土的土质适中，但泥质的中性紫色土壤肥力差，较为黏重，分布的地区易发生水土流失。河南的风沙土是在河流冲积物经风力搬运、堆积形成的土壤，剖面发育弱，土壤性质差。新积上发育在新近的流水沉积物上，主要分布在河滩地、干河滩地及洪积扇上部的滩地，土壤发育差，有机质含量低，但多年来经过老百姓对土壤的改良，再加上宽阔平坦的地形，如无特殊情况，像高河漫滩等地反而成为粮食种植较为理想的土地。石质土是以岩石为母质，进行初发育的始成土类，土壤发育弱，是农业难以利用的一种土。粗骨土也是以岩石为母质，进行原始的成土过程，但较石质土略好些，较易发生水土流失。除育土占黄淮平原土壤面积的3.46%，非常少。

草甸沼泽土属于水成土壤，主要分布在太行山前的交接洼地，泥炭丰富，经过熟化，是稻麦两熟的高产田，在全区面积仅有58.28km²。

潮土属于半水成土壤。黄淮平原主要有潮土、灰潮土、灌淤潮土、湿潮土、脱潮土、盐化潮土和碱化潮土。潮土是黄淮平原面积最大、占比耕地最多的一类土壤，主要分布在黄河南北的平原区。土壤区地形平坦，水源丰富，土层深厚，自然条件优越，是我国重要的粮棉基地。潮土亚类是黄土性冲积物质形成的土壤，总面积为34 941.82km^2，占全区土壤类型面积的41.98%。灰潮土地区的水、光、热资源好于潮土亚类，专指淮河以南黄泛物质发育潮土。该土壤熟化程度高，有机质和其他养分含量较高，是河南省主要粮、棉、油生产基地之一。该类型土壤面积为4 630.03km^2，占比为5.56%。灌淤潮土是为了改良沙荒、盐碱地，利用黄河水含泥沙多的特点，在人围堤或自然洼地的条件下，有计划引黄河水，人为进行淤灌。灌淤潮土土壤肥力差，养分含量低。脱潮土是潮土向褐土发育过渡的土壤类型，主要分布在平原的自然堤，河流高滩地或地势高起部位。盐化潮土是一种冷性土，集中分布在豫东、豫东北黄泛平原缓平坡地、浅平洼地和背河洼地，是河南省生产能力较低的一种土壤。碱化潮土，物理性状不良，加之土壤质地偏轻，有机质及其养分含量少，是难改造的低土壤类型，主要分布在黄河南北黄泛平原的洼地边缘或缓冲坡地的中下部。湿潮土是潮土向沼泽土过渡的土壤类型。多分布在冲积平原各封闭洼地、黄河背河洼地及山前交接洼地。适用于种植水稻、莲藕等水生植物或改造成坑塘，发展水生植物，养鱼、养鸭等。这4种亚类潮土面积占比较少，总计为3.03%。

砂姜黑土主要分布在黄淮平原的湖泊洼地，大别、桐柏、伏牛、太行山前的交接洼地呈零星分布，位于北亚热带向暖温带过渡的半湿润季风型气候区。砂姜黑土是河南省主要中低产土壤类型之一，旱、涝、黏、瘠是基本特点，但总面积相对较大，为8 325.38km^2，占黄淮平原土壤类型总面积的10.00%。石灰质砂姜黑土由湖相沉积物发育而成，耕作困难，适耕期短，种植产量低而不稳，属于中低产土壤类型之一，旱、涝、黏、瘠依然是基本特点，面积为1 959.49km^2，总占比为2.35%。

盐土主要分布在黄河两岸的现背河洼地与古背河洼地。盐土低产，甚至不能长作物。碱土主要分布在沙颍河以北，京广铁路以东，古黄河背河洼地两侧和现黄河的背河洼地。该土壤类型区需因地制宜，种植绿肥、牧草、芦苇，挖塘种莲藕，养鱼等。两种类型的土壤面积占比小，为0.27%。

褐土分褐土、淋溶褐土、石灰性褐土、潮褐土、褐土性土，主要分布于豫西、豫北的残垣阶地，属于半淋溶土。褐土为河南省小麦、玉米、棉花的生产基地，总面积为11 149.26km^2，占河南省黄淮平原总面积的12.97%。其中，褐土土壤肥力高，适合种植多种农作物。淋溶褐土是仅次于棕壤的宜林地。石灰性褐土土体深厚，成土母质多为黄土和黄土状土，成土区气候较为干旱，在一定坡度的分布区内需要加强水土保持工作。潮褐土保水保肥能力好，适合种植的作物较为广泛，是重点发展粮食的土壤亚类。褐土性土的成土母质多为马兰黄土、红黄土、冲洪积物等，多分布在低山、丘陵等水土流失较为严重的区域，因此应以发展畜牧业为重点，在较为平缓的区域适合旱作农业。黄褐土6 503.89km^2，占比面积为7.81%，主要分布在沙颍河以南。该土壤类型土质黏重，紧实，土体有砂姜石，影响土壤的肥力。

水稻土是人为土纲的一个水成土类。水稻土为泛域土壤，其有机质和全氮大于其他耕作土壤，但产出比属于中等偏下。水稻土总面积为8 506.31km^2，占全区土壤类型面积的10.22%。潴育型水稻土主要分布在豫南山丘冲谷的中下部和山间田畈，属于发育较好的水稻土，总面积为5 307.59km^2，面积占比6.38%。淹育型水稻土是处于初级阶段的水稻土，水耕熟化程度低，有机质含量低于其他类型水稻土。潜育型水稻土种植之前多经过沼泽土阶段，属于受地下水危害严重，青泥层厚，土性差的低产田。漂洗型水稻土是具有漂白层段的水稻土，有机质含量低，磷、钾缺乏，产量上不去。这3种水稻土总面积较小，占比为3.84%。

5.2.1.2 土壤类型与耕地的关系

本研究根据上述土壤类型的农业耕种适宜性来分析土壤类型与目前耕种面积的情况。潮土和砂姜黑土是土壤类型面积中占比多的两种，耕地面积分别占到68.41%、70.10%，基本上全是旱田种植。褐土、灰潮土、草甸沼泽土3类土壤属于适宜耕作的土壤类型，其耕地面积占比变化在58.28%~77.79%。

新积土、碱土和湿潮土不适宜用作耕地。新积土的分布黄河、淮河等河漫滩地。近几十年来，上游的水库调控，人类对水资源的大量使用以及气候条件，基本上很少有洪水泛滥，种植多年的河漫滩尤其是高漫滩地对于解决耕地压力有辅助作用。碱土与湿潮土的耕地面积占比分别为57.93%、59.56%，并且以旱地耕种为主。该土壤类型分布主要集中在洼地的地貌类型中，易受到积水影响，不适宜旱田耕种，但野外调查发现，很多积水洼地已被平整，壤土下的黏土层反而对保水保肥有力，经过人类熟化和改造，适宜于耕种。

中性紫色土、褐土性土、石灰性褐土、粗骨土主要分布在山地丘陵区，是水土保持工作的重点区域。目前这4种土壤类型的耕地占比分别为66.98%、56.28%、41.65%和10.40%，其中前3类土壤的耕地占比较大，在雨季夏秋季节，地表土壤易发生水土流失。因此分布该土壤类型的区域一方面需要调整耕地、草地、林地的结构比例，另一方面要加强水土保持工作。

根据表5-11、图5-12，河南省黄淮平原粮食主产区耕地类型主要以旱田为主，其中淹育型水稻土、潴育型水稻土、潜育型水稻土以及漂洗型水稻土主要分布在大别山北麓坡面平原区，且此地区主要以水田为主；棕壤性土、褐土性土、中性紫色土、石质土、草甸沼泽土、盐土和碱土主要分布在旱田的耕地中，在水田类型的耕地中均无分布。

表5-11　河南省黄淮平原耕地占土壤类型面积

代码	名称	水田		旱田		合计	占比
		面积（km²）	占比（%）	面积（km²）	占比（%）		
Aa	黄棕壤	300.20	19.24	624.8	40.04	925.00	59.28
Ab	黄褐土	343.48	5.28	3 907.88	60.09	4 251.36	65.37
Ac	白浆化黄棕壤	61.96	13.31	288.09	61.90	350.05	75.22
Ad	黏盘黄棕壤	141.27	7.24	1 076.8	55.15	1 218.07	62.38

（续表）

代码	名称	水田		旱田		合计	占比
		面积（km²）	占比（%）	面积（km²）	占比（%）		
Ae	黄棕壤性土	41.05	3.09	411.69	30.96	452.74	34.05
Bc	棕壤性土	0.00	0.00	3.26	18.88	3.26	18.88
Ca	褐土	0.07	0.00	878.73	58.28	878.80	58.28
Cb	淋溶褐土	0.00	0.00	397.64	61.31	397.64	61.31
Cc	石灰性褐土	0.00	0.00	8.21	41.65	8.21	41.65
Cd	潮褐土	0.05	0.00	1 288.06	60.80	1 288.11	60.80
Ce	褐土性土	0.00	0.00	562.3	56.28	562.3	56.28
Da	中性紫色土	0.00	0.00	47.34	66.98	47.34	66.98
Ea	红黏土	17.87	20.64	32.37	37.38	50.23	58.02
F	新积土	0.67	0.24	198.87	70.28	199.54	70.52
G	风沙土	0.16	0.02	641.5	61.27	641.66	61.29
H	石质土	0.00	0.00	175.34	31.00	175.34	31.10
I	粗骨土	146.39	9.07	21.55	1.34	167.94	10.40
J	草甸沼泽土	0.00	0.00	45.34	77.79	45.34	77.79
Ka	潮土	334.08	0.96	23 570.01	67.46	23 904.09	68.41
Kb	灰潮土	776.69	16.78	2 125.5	45.91	2 902.19	62.68
Kc	灌淤潮土	27.73	5.10	306.51	56.38	334.25	61.48
Kd	湿潮土	3.02	0.38	458.76	57.55	461.78	57.93
Ke	脱潮土	17.54	0.98	1 066.11	59.72	1 083.66	60.70
Kf	盐化潮土	25.92	2.91	591.73	66.42	617.65	69.33
Kg	碱化潮土	0.20	0.07	609.80	10.10	610.00	10.10
La	砂姜黑土	394.92	4.74	5 441.35	65.36	5 836.27	70.10
Lb	石灰质砂姜黑土	0.13	0.01	1 393.85	71.13	1 393.97	71.14
M	碱土	0.00	0.00	96.89	59.56	96.89	59.56
N	盐土	0.00	0.00	42.14	69.91	42.14	69.91

（续表）

代码	名称	水田		旱田		合计	占比
		面积（km^2）	占比（%）	面积（km^2）	占比（%）		
Oa	淹育型水稻土	842.42	42.30	227.87	11.44	1 070.3	53.74
Ob	潴育型水稻土	2 132.21	40.17	500.87	9.44	2 633.09	49.61
Oc	潜育型水稻土	42.32	28.29	6.04	4.04	48.36	32.33
Od	漂洗型水稻土	534.95	50.58	75.76	7.16	610.71	57.75
	合计	6 185.30	7.43	47 122.98	56.61	53 308.28	64.04

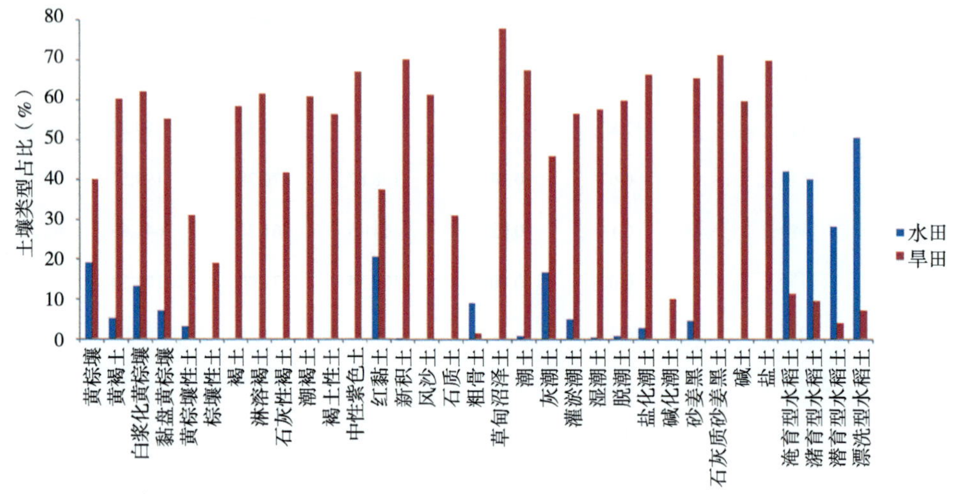

图5-12　河南省黄淮平原不同土壤类型水旱田占比

5.2.2　土壤垦殖率

土壤垦殖率又称土地垦殖系数，指一定区域内耕地面积占土地总面积的比例，是反映土地资源利用程度和结构的重要指标。如表5-12、图5-13所示，河南省黄淮平原土地质量好、人口多、垦殖历史长，土壤垦殖率普遍较高，4个地貌单元区域变化在0.48～0.7，但总体变化幅度大，变化在0.05～0.78，各个区域内部因地貌、土壤、坡度、水热组合等自然条件不同，区域职能不同，耕地垦殖率出现明显差异。

表5-12 河南省黄淮平原各县区土壤垦殖率

县区	总面积（km²）	耕地面积（km²）	土壤垦殖率	县区	总面积（km²）	耕地面积（km²）	土壤垦殖率
黄河北微起伏平原（0.62）							
范县	617.23	356.72	0.58	清丰县	827.22	600.65	0.73
封丘县	1 225.57	879.61	0.72	台前县	447.59	229.97	0.51
华龙区	377.99	159.98	0.42	卫滨区	431.89	22.21	0.05
滑县	1 781.11	1 333.28	0.75	新乡县	385.42	258.24	0.67
浚县	955.03	732.73	0.77	延津县	887.98	669.63	0.75
南乐县	629.28	454.22	0.72	原阳县	1 311.72	893.32	0.68
内黄县	1 144.74	682.44	0.60	长垣县	1 038.54	651.75	0.63
濮阳县	1 370.87	928.07	0.68				
黄河南岸沙质平原（0.7）							
兰考县	1 103.50	706.41	0.64	通许县	766.80	564.85	0.74
民权县	1 238.61	789.97	0.64	尉氏县	1 297.02	892.55	0.69
杞县	1 257.33	934.04	0.74	祥符区	1 251.53	903.63	0.72
睢县	920.52	653.90	0.71				
豫西山前倾斜平原（0.6）							
郏县	725.90	417.18	0.57	鄢陵县	869.70	470.32	0.54
临颍县	802.68	589.33	0.73	郾城区	451.88	313.46	0.69
汝州市	1 572.31	846.69	0.54	叶县	1 389.23	872.88	0.63
遂平县	1 040.56	714.45	0.69	驿城区	1 350.82	726.97	0.54
魏都区	89.49	12.19	0.14	禹州市	1 469.15	733.28	0.50
舞阳县	774.00	557.26	0.72	源汇区	230.76	143.13	0.62
西平县	1 099.81	808.93	0.74	长葛市	636.06	392.92	0.62
襄城县	913.85	610.41	0.67	召陵区	433.14	302.05	0.70
许昌县	1 000.78	649.16	0.65				
黄河南平缓平原区（0.68）							
川汇区	336.17	169.29	0.50	商水县	1 271.73	947.91	0.75
郸城县	1 489.64	1 071.47	0.72	睢阳区	963.53	652.72	0.68
扶沟县	1 163.33	861.75	0.74	太康县	1 755.24	1 255.24	0.72

（续表）

县区	总面积（km^2）	耕地面积（km^2）	土壤垦殖率	县区	总面积（km^2）	耕地面积（km^2）	土壤垦殖率
淮阳县	1 334.80	902.91	0.68	西华县	1 207.40	868.35	0.72
梁园区	695.08	392.63	0.56	夏邑县	1 487.14	985.97	0.66
鹿邑县	1 243.68	811.83	0.65	永城市	2 021.61	1 396.11	0.69
宁陵县	797.32	536.52	0.67	虞城县	1 544.73	986.19	0.64
柘城县	1 041.83	716.88	0.69				
淮北低缓平原区（0.67）							
淮滨县	1 207.37	754.91	0.63	沈丘县	1 081.96	713.06	0.66
平舆县	1 286.25	966.07	0.75	息县	1 892.79	1 353.84	0.72
汝南县	1 503.60	1 088.39	0.72	项城市	1 078.15	753.70	0.70
上蔡县	1 514.29	1 174.44	0.78	新蔡县	1 441.40	1 007.70	0.70
正阳县	1 898.75	754.91	0.40				
大别山北麓波状平原区（0.48）							
固始县	2 944.13	1 640.89	0.56	泌阳县	2 345.75	1 106.45	0.47
光山县	1 833.97	875.24	0.48	平桥区	1 881.72	946.65	0.50
潢川县	1 635.41	921.97	0.56	确山县	1 607.27	837.12	0.52
罗山县	2 070.53	870.49	0.42	商城县	2 110.91	643.41	0.30

黄河北微起伏平原区平均土壤垦殖率为0.62，是河南省重要的粮食生产核心区，该区域除濮阳市华龙区的垦殖率为0.42，新乡市卫滨区的垦殖率为0.05，其他县均在0.5～0.7。黄河南岸的沙质平原区平均土壤垦殖率为0.7，是6个地貌单元中垦殖率最高的区域，该区域各县区的土壤垦殖率值变化在0.64～0.74。黄河南平缓平原区的平均垦殖率0.68，垦殖率依然偏高，区域内该指数变化不大。区域内各县、区的土壤垦殖率偏高，其中各市所辖区的土壤垦殖率一般在0.5左右，各县的土壤垦殖率在0.6以上。豫西山前倾斜平原的土壤垦殖率相对豫东和豫东北的略低。该区域平均值为0.6，区域内各县区土壤垦殖率变化较大，变化在0.14～0.73。除了许昌魏都区的为0.14，其他区域

均在0.54以上。淮北低缓平原区的土壤垦殖率较高，平均在0.67，总体变化在0.4～0.75，其中正阳县的土壤垦殖率最低在0.4。大别山北麓波状平原区土壤垦殖率是这6个评价单元中最低的，平均变化在0.30～0.56。

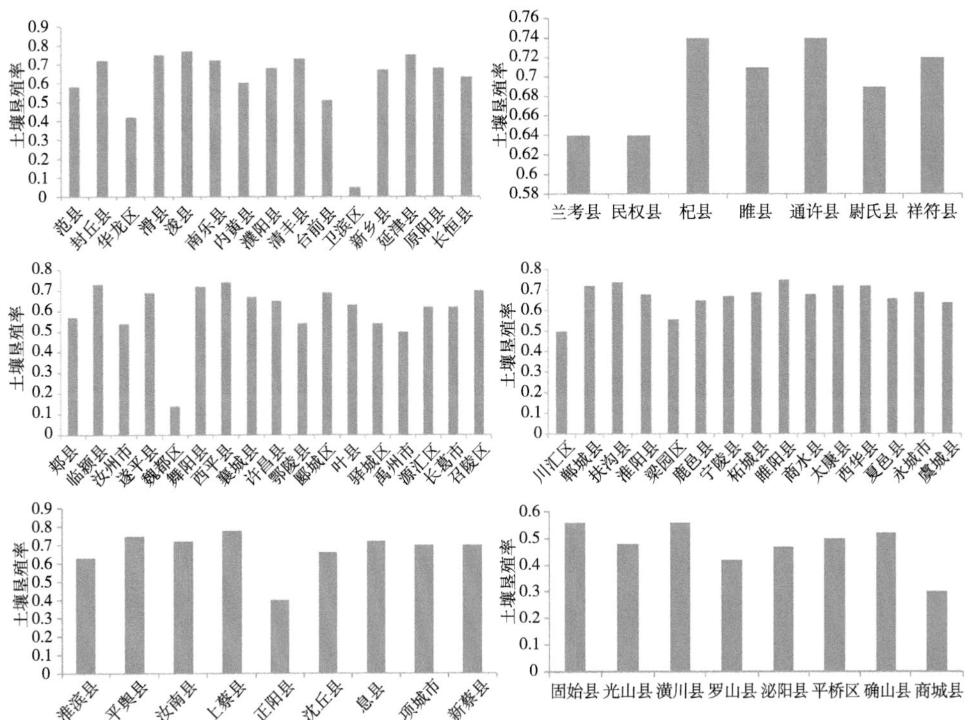

图5-13　河南省黄淮平原各县区土壤垦殖率统计

总体来说，黄淮平原区的垦殖率较高，与黄河冲积扇的地势平坦、土地肥沃大地貌类型相关，但大别山北麓坡度、地形起伏变化大，土壤类型多变复杂、贫瘠，土壤垦殖率较低。

表5-12、图5-13显示，黄河北微起伏平原区平均土壤垦殖率为0.62，是河南省重要的粮食生产核心区。在该地区中以浚县土壤垦殖率为最高。浚县地处太行山与华北平原过渡地带，平原面积占82%，丘陵面积占18%，该地土地肥沃，气候适宜，盛产小麦、玉米、大豆、花生、红枣、苹果、蔬菜、畜禽等，在政府的大力扶持下有着良好的农业基础，是全国粮食生产先进县、优质小麦

生产基地县、冬小麦原种生产基地县、省粮食生产先进县、农业综合开发重点县。新乡卫滨区由于地处新乡市区南部，自然资源丰富，工业和服务业相对比较发达，该地主要以城镇建设和工业建设为主，因此土壤垦殖率较低。黄河南岸的沙质平原区平均土壤垦殖率为0.7，是6个地貌单元中垦殖率最高的区域，其中以通许县和杞县为最。通许县地处豫东平原，土地总面积767.53km^2，其中耕地面积851 457.7亩，占总土地面积的73.96%，地势平坦，土层深厚，便于开发利用；杞县农业发达，农产品丰富，是国家黄淮海农业综合开发区，素有“中原粮仓”之美称，是国家粮棉生产和出口基地县，杞县大蒜种植面积、产量居全国第二位，同时具有全国第一个获得原产地标志认证的蒜类产品品牌。豫西山前倾斜平原区平均土壤垦殖率0.6，该区域以西平县的土壤垦殖率最高，西平地势西高东低，西部浅山丘陵区属伏牛山余脉，农产品种类丰富，农业人口居多；魏都区地处许昌中心城区，城镇化规模庞大，经济发达土壤垦殖率低。黄河南平缓平原区的平均垦殖率0.68，其中商水县土壤垦殖率达到0.75，商水县地处冲积洪积平缓平原过渡区，地势平坦，土壤肥沃，农业规模庞大。淮北低缓平原区的土壤垦殖率平均0.67，其中上蔡县土壤垦殖率为0.78，位居河南省之首。该区地势平坦，土层深厚，气候温暖湿润，农业基础水平较高，是国家优质小麦种植基地县；正阳县土壤垦殖率较低，土地总面积1 898.75km^2，而耕地面积仅占区域的39.76%，但该县森林资源丰富，林网覆盖率达到90%以上，是河南省平原绿化高级达标县和林业生态县。大别山北麓波状平原区土壤垦殖率0.48，是这6个评价单元中最低的，该地区处于大别山北麓，丘陵、山地众多，不适宜农林耕种。

由图5-14分析可知，河南省黄淮平原土壤垦殖率较高的地区主要分布在黄河南岸的沙质平原区、黄河南平缓平原区和淮北低缓平原区，这3个平原区地势平坦，气候宜人，降水量充沛，土壤适合耕作，具有良好的耕种条件。而黄河北微起伏平原区的东北部、豫西山前倾斜平原区西部与大别山北麓波状平原区土壤垦殖率就相对较低，这3个地区地势起伏较大，丘陵与山地众多，不适宜耕种。

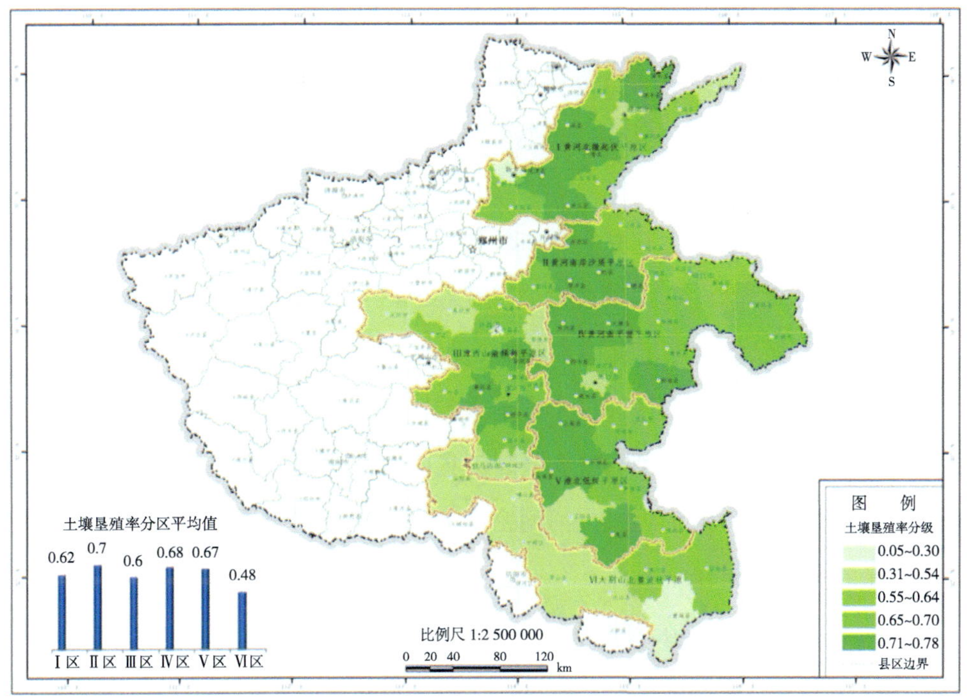

图5-14 河南省黄淮平原各县区垦殖率分级

5.3 水文条件指标

5.3.1 水网密度

5.3.1.1 河网密度

河网密度是指区域内河流、水渠的长度与区域面积的比值。湖库的密度是指湖泊、水库、坑塘等面状水域占区域面积的比值。线状和面状水体的密度不仅说明了区域的水资源丰富度，同时对于农业来说，水体密度大，有利于耕地的水资源利用，但同时过密的河网使得农业机械化难以大面积实施。

对于整个黄淮平原来说，其河渠密度和湖库密度的分布特征如表5-13、图5-15、图5-16所示，河渠的水网密度的变化范围在0.27～2.70，湖塘库的水网密度0.001～0.23，水网密度的变化幅度较大，不同区域水资源可利用量差别较大。总体来说，不论线状还是面状水体，南多北少，东多西少。从各个地貌单元区域来说，不同区域的地形、降水不同，河流、水渠与湖泊、水库、坑塘的密度分布不同。

豫西山前倾斜平原，除驻马店市的驿城区，河网密度分布南多北少，平均河网密度为1.13km/km^2，河网密度值变化在0.45～2.32km/km^2，洪汝河和颍河流经该区域南部，河网密度在南部较高。

淮北低缓平原是各个区河网密度最大的区域，平均在1.55km/km^2，整体变化在0.53～2.70km/km^2。河网密度最高值集中在淮北西北部，此区是沙河与颍河渐近交汇的地区，河流纵横，河网密度大，水资源利用量大，利于农耕，但是不利于农业机械耕作。

黄河北微起伏平原在东北角的河网密度较大，变化在2.0～2.7。但整体河网密度较小，平均河网密度1.01km/km^2，该平原区的东部河流较少，河网密度值小，水资源可利用量较小，但便于机械化耕作。

黄河南岸沙质平原与黄河南平缓平原区的河网密度平均值分别为1.04km/km^{2}和0.85km/km^2，两个平原区的东部河网密度偏高，黄河南平原区河网密度较低，河网密度低，水资源可利用量小，但是平原地形平缓，土壤适合耕作，更利于农业机械化的使用。

表5-13　河南省黄淮平原各地貌区河网密度分布特征

水网密度		豫西山前倾斜平原	黄河北微起伏平原	黄河南岸沙质平原	黄河南平缓平原	淮北低缓平原	大别山北麓波状平原
线状水体（km/km^2）	最小	0.45	0.44	0.81	0.56	0.53	0.76
	最大	2.32	2.28	1.21	1.21	2.70	1.98
	平均	1.13	1.01	1.04	0.85	1.55	1.38
面状水体（km/km^2）	最小	0.004	0.001	0.005	0.005	0.011	0.024
	最大	0.015	0.022	0.061	0.029	0.068	0.118
	平均	0.01	0.008	0.016	0.015	0.029	0.068

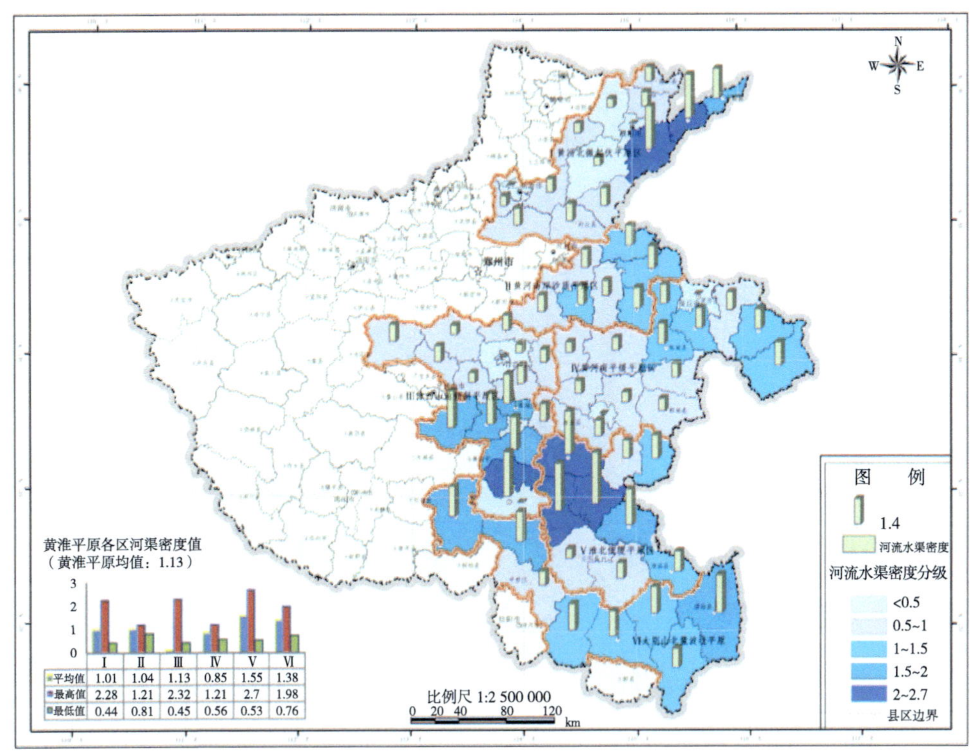

图5-15 河南省黄淮平原各地貌区河网密度分布特征

5.3.1.2 面状水体密度

如图5-17所示，面状水体密度在黄淮平原的整体分布不高，豫东北及豫东地区湖泊、坑塘及水库的分布密度和面积较小。但大别山北麓波状平原区的面状水体密度较大，该值>0.07，水资源最为丰富。此外汝南县、民权县，汝南县湖泊、坑塘和水库等水体较多，面状水体密度较大，变化在0.05～0.07。

5.3.1.3 水网密度分布

对河南省黄淮平原来说，其线状水体水网密度与面状水体水网密度如图5-18所示，整体来看河南省黄淮平原线状水体水网密度分布不均，有着和我国水网分布南多北少、东多西少的情况相一致的特点。黄河南岸沙质平原与黄河南平缓平原区线状水体水网密度比较平均最大水网密度与最小水网密度差异较小；黄河北微起伏平原整体水网密度较大。河南省黄淮平原面状水体水网密度由西向东、由北向南呈现出递增的趋势，豫西山前倾斜平原面状水体水网密度较小，而大别山北麓坡面平原区由于丘陵、山地众多，加之降水充沛，因而面状水体水网密度较大。

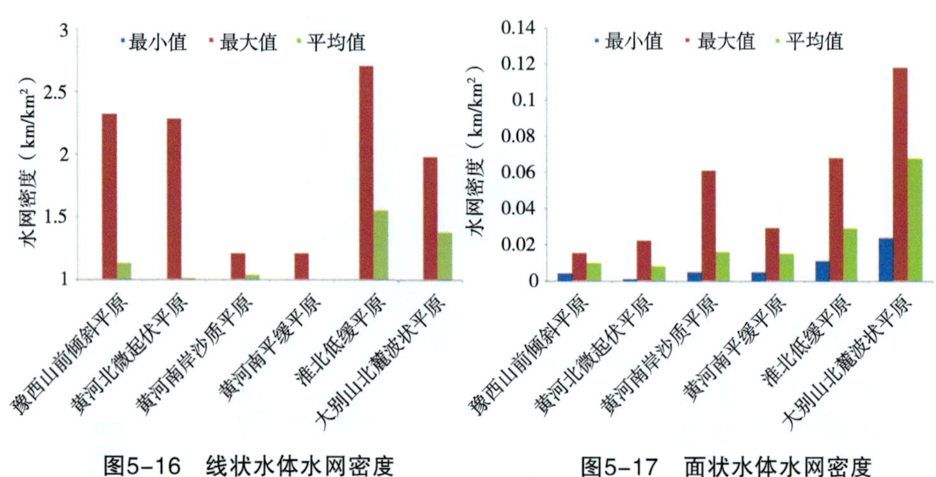

图5-16　线状水体水网密度　　　　图5-17　面状水体水网密度

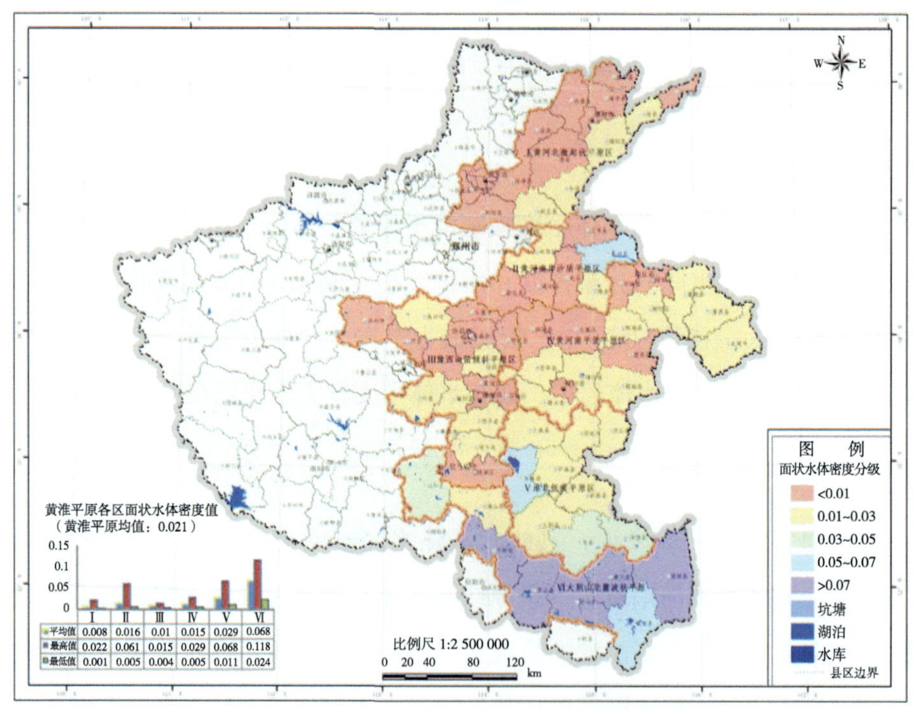

	Ⅰ	Ⅱ	Ⅲ	Ⅳ	Ⅴ	Ⅵ
平均值	0.008	0.016	0.01	0.015	0.029	0.068
最高值	0.022	0.061	0.015	0.029	0.068	0.118
最低值	0.001	0.005	0.004	0.005	0.011	0.024

图5-18　河南省各地貌区面状水体密度分布

5.3.2 地表径流量

降水或融雪强度一旦超过下渗强度，超过的水量可能暂时留于地表，当地表贮留量达到一定限度时，即向低处流动，成为地表水而汇入溪流，这一过程称为地表径流，而此过程的水量称为地表径流量，地表径流是水量平衡的一个组成要素。

河南省黄淮平原地区径流量与降水分布大体上是一致的，等流线呈纬向分布，从北向南年均地表径流量逐渐增加如图5-19所示。全区径流量变化在2～550mm，其中大于500mm的径流区域在大别山北麓的最南端一段。而相对径流量最低区，主要分布在黄河冲积扇平原区，尤其是现代黄河两岸，最小地表径流量在20～50mm，呈现出一个剪刀型区域。

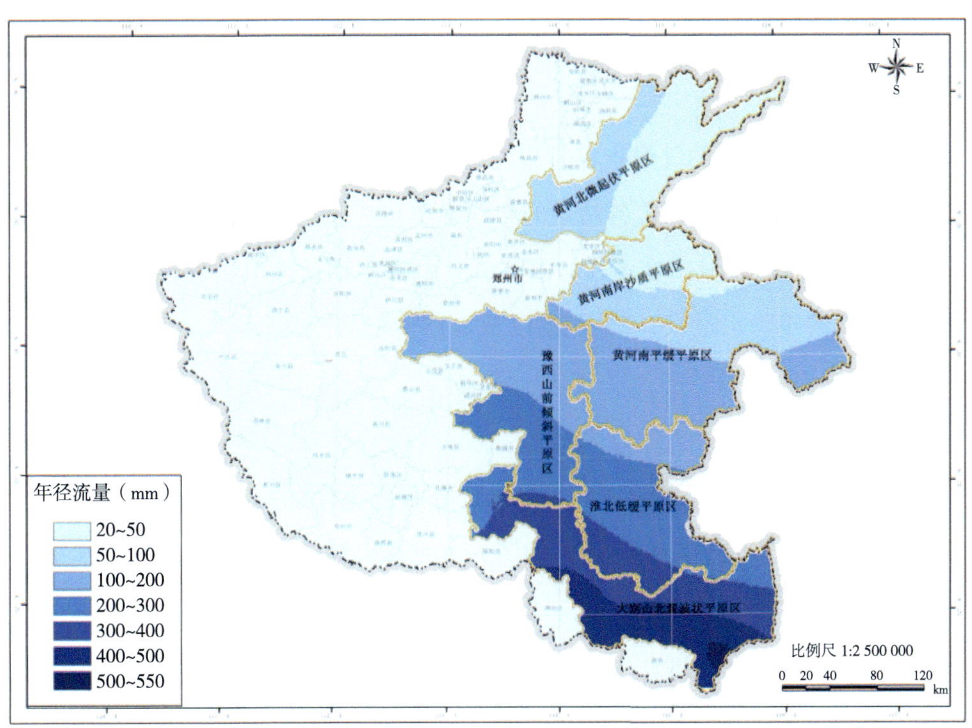

图5-19 河南省黄淮平原粮食主产区地表径流分布

表5-14显示，在黄海平原区，各地貌类型的地表径流分布差异较大。黄河北微起伏平原区，地表径流量最小，变化在19～90mm，其中东部比西部的地表径流量小。黄河南岸沙质平原，地表径流量变化在28～119mm，尤其是近黄河岸边，大面积的沙质地表，透水性好，地表径流量很小。

在粮食核心产区由于农业耕种面积广，需要引渠灌溉以保证农作物的生长，因此这对于地表径流量也产生了一定的影响。

表5-14　河南省黄淮平原地表径流分区统计

地表径流量（mm）	豫西山前倾斜平原	黄河北微起伏平原	黄河南岸沙质平原	黄河南平缓平原	淮北低缓平原	大别山北麓波状平原
最小	103	19	28	37	149	263
最大	319	90	115	185	392	506

5.4　农业气候资源指标

河南省黄淮平原的气候指标是根据省气象局提供的2005—2015年121个站点逐日的气象数据，统计出各站点的年均降水量、年均10℃以上的积温量以及年均15°以上的积温量，在ARCGIS里，应用自然临近插值法进行区域差值，分析河南省的年降水量，≥10°积温以及≥15°积温分布图。

5.4.1　降水量

河南省黄淮平原地区的年平均降水量分布变化在503～1 200mm，各个地貌区单元的年均降水量变化各异，如图5-20所示。降水量自北向南渐次递减，依次为半干旱、半湿润、湿润区。由于各地生长季（4—10月）降水量占全年降水量的80%～90%，因此生长季降水量的地域分布大势趋于一致。生长季降水量，淮河以南地区达800～1 100mm，其中大别山山前平原为最多雨区，年均降水量变化在825～1 136mm，生长季降水量在900mm以上。

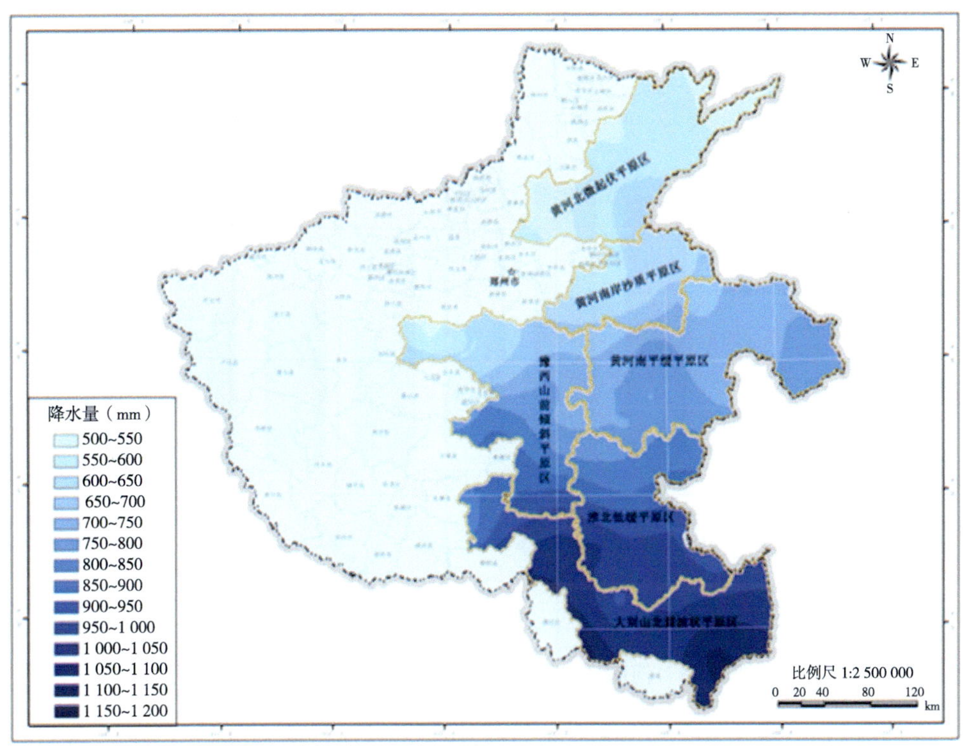

图5-20　河南省黄淮平原降水分布

黄河两岸生长季降水量仅在500mm左右，其中黄河北微起伏平原区年均降水量变化在516～623mm，黄河南岸沙质平原区年降水量略多，变化在556～773mm，黄河南平缓平原区降水量较之又多些，变化在648～806mm。豫西山前倾斜平原年降水量变化大，变化在533～973mm。总之，河南省年降水量，受东亚环流季节变化的影响，再加之地形的作用，自北向南，自西向东，年降水量逐渐增加，相伴着生长季的降水量也逐渐增多（表5-15）。

表5-15　河南省黄淮平原各地貌分区降水量变化

年均降水量（mm）	黄河北微起伏平原区	黄河南岸沙质平原区	黄河南平缓平原区	豫西山前倾斜平原	淮北低缓平原区	大别山北麓波状平原区
变化范围	516	556	648	533	751	825
	623	773	806	974	1 019	1 136

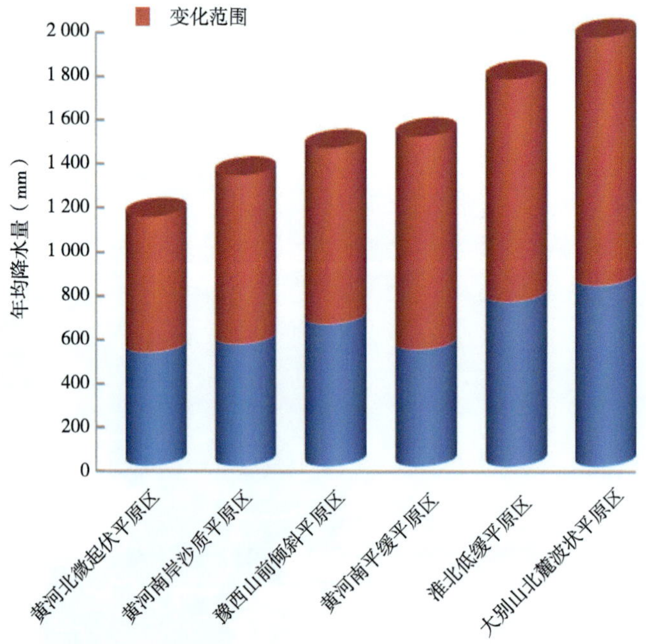

图5-21　河南省黄淮平原各地貌分区年降水量变化

6个地貌区在2005—2007年期间年均降水量变化趋势相同（图5-22、表5-16）；2011年6个地貌区年均降水量整体差异最小；黄河南岸沙质平原区和黄河南平缓平原区两个地貌区10年内年均降水量整体变化一致；大别山北麓波状平原区和淮北低缓平原区10年内年均降水量明显高于其他4个地貌区。

表5-16　河南省黄淮平原各地貌分区10年年均降水量变化

单位：mm

年份＼地区	黄河北微起伏平原区	黄河南岸沙质平原区	豫西山前倾斜平原区	黄河南平缓平原区	淮北低缓平原区	大别山北麓波状平原区
2005	712.39	745.53	761.69	830.76	1 245.54	1 253.58
2006	491.87	587.51	761.69	760.79	894.89	975.06
2007	541.23	685.69	868.42	862.39	1 141.53	1 180.99
2008	554.42	624.60	704.38	740.74	953.32	1 168.94
2009	573.38	718.61	747.05	743.14	836.58	888.35

（续表）

年份＼地区	黄河北微起伏平原区	黄河南岸沙质平原区	豫西山前倾斜平原区	黄河南平缓平原区	淮北低缓平原区	大别山北麓波状平原区
2010	732.56	711.41	818.31	767.89	799.91	1 056.36
2011	636.79	670.57	763.33	697.61	632.23	707.50
2012	448.72	452.24	565.59	644.31	746.52	858.88
2013	438.98	410.83	610.92	647.44	769.39	775.05
2014	502.15	581.16	668.33	706.54	940.91	1 096.58
2015	536.94	674.23	716.78	738.13	795.22	1 020.73
11年平均降水量	560.86	623.85	728.18	739.98	886.91	998.36

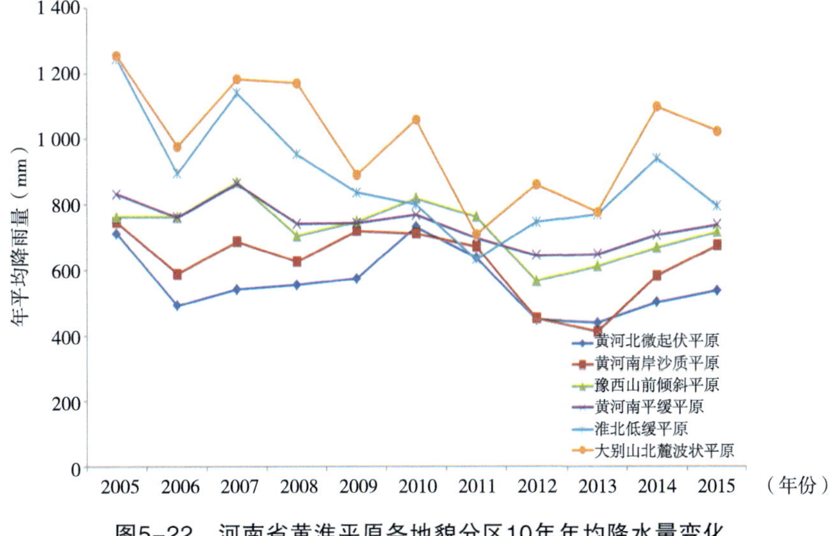

图5-22 河南省黄淮平原各地貌分区10年年均降水量变化

降水绝对变率是指某地实际降水量与同期多年平均降水量之差，其表达式为

$$D=R_i-R$$

式中，D为降水绝对变率；R_i为第i年某时段内实际降水量i=1，2，3，…n）；R为同时段内几年的平均降水量。它的大小表示某地降水量常年的变动情况。当D>0时，表示第i年该时段内降水量比同期平均降水量多；当D<0时，则表示比同期平均降水量少。

降水相对变率指降水绝对变率与多年平均降水量的百分比，其表达式为

$$Q=(D/R)\times 100\%$$

式中，Q为某年的降水相对变率；D为降水绝对变率；R为同时段内几年的平均降水量。降水变率大小可以反映出当地多年降水的稳定性，一个地区降水丰富、变率小，表明水资源利用价值高；降水变率越大，表明降水越不稳定，往往反映该地区旱涝频率较高。

表5-17和表5-18分别给出了河南省黄淮平原粮食主产区6个地貌区10年内降水量的绝对变率（D）和相对变率（Q），可以看出，黄河南缓平原区10年降水量相对变化率相对于其他5个地貌区较小，在20%以内，表明该地区降水量比较稳定；黄河北微起伏平原区和黄河南岸沙质平原区，相对来说变化率就比较大，2010年黄河北微起伏平原区降水量相对变化率达到30.61%，说明该地区可能在此期间发生了水涝灾害，而在2013年黄河南岸沙质平原区降水量相对变化率达到34.15%，说明该地区可能发生了旱灾；在2005年和2007年淮北低缓平原区降水量相对变化率分别为40.44%和28.71%，表明此期间发生了严重的水涝灾害，而在2011年降水量相对变化率为28.72%，表明可能发生了旱灾；大别山北麓波状平原区在2005年降水量相对变化率为25.56%，表明可能发生了水涝灾害，而在2011年和2013年则很可能发生了旱灾。

表5-17　河南省黄淮平原各地貌分区降水量绝对变率

年份＼地区	黄河北微起伏平原区	黄河南岸沙质平原区	豫西山前倾斜平原区	黄河南平缓平原区	淮北低缓平原区	大别山北麓波状平原区
2005	151.53	121.68	33.51	90.78	358.63	255.22
2006	−68.99	−36.24	33.51	20.81	7.98	−23.30
2007	−19.63	61.84	140.24	122.41	254.62	182.63
2008	−6.44	0.55	−23.80	0.76	66.41	170.58

（续表）

年份＼地区	黄河北微起伏平原区	黄河南岸沙质平原区	豫西山前倾斜平原区	黄河南平缓平原区	淮北低缓平原区	大别山北麓波状平原区
2009	13.02	94.76	18.87	3.16	−50.33	−110.01
2010	171.70	87.56	90.13	27.91	−87.00	58.00
2011	75.93	46.72	35.15	−42.37	−254.68	−290.86
2012	−112.14	−171.61	−162.59	−95.67	−140.39	−139.48
2013	−121.88	−213.02	−117.26	−92.54	−117.52	−223.31
2014	−58.71	−42.69	−59.85	−33.44	54.00	98.22
2015	−23.92	50.38	−11.40	−1.85	−91.69	22.37

表5-18　河南省黄淮平原各地貌分区降水量相对变率

年份＼地区	黄河北微起伏平原区	黄河南岸沙质平原区	豫西山前倾斜平原区	黄河南平缓平原区	淮北低缓平原区	大别山北麓波状平原区
2005	27.02%	19.50%	4.60%	12.27%	40.44%	25.56%
2006	12.30%	5.81%	4.60%	2.81%	0.90%	2.33%
2007	3.50%	9.91%	19.26%	16.54%	28.71%	18.29%
2008	1.15%	0.09%	3.27%	0.10%	7.49%	17.07%
2009	2.32%	15.19%	2.59%	0.43%	5.67%	11.02%
2010	30.61%	14.04%	12.38%	3.77%	9.81%	5.81%
2011	13.54%	7.49%	4.83%	5.73%	28.72%	29.13%
2012	20.00%	27.51%	22.33%	12.92%	15.83%	13.97%
2013	21.73%	34.15%	16.10%	12.51%	13.25%	22.37%
2014	10.47%	6.84%	8.22%	4.52%	6.09%	9.84%
2015	4.26%	8.08%	1.57%	0.25%	10.34%	2.24%

5.4.2 热量

植物生长对总热量的要求，通常以活动积温来表示。所谓活动积温，即日平均气温稳定≥某界限温度初、终日之间的日平均气温的总和。热量的多少关系到作物布局、品种搭配、农作物的确定、复种指数的高低、林种的分布、牧草的选择等。热量在很大程度上支配着地区农业的发展方向和增产潜力。

积温的分布大致与纬度分布一致。积温从北向南依此递增。但豫西山前倾斜平原受到海拔和豫西山地影响，比同纬度的积温略低，如图5-23、图5-24所示。黄淮平原近11年来，年平均积温量变化在4 500 ~ 5 400℃，相比20世纪90年代统计的积温量略高。3月下旬到4月上旬，黄淮平原雨水较少，干旱多风，升温迅速，当日平均气温普遍上升到10℃以上，植物逐渐进入旺盛生长期，冬小麦由南向北先后开始拔节，果树开花；当日平均气温稳定≥15℃，开始进入喜温作物的生长期。由于积温统计为全年的计算，除去整个冬季的异常天气，从春季到秋季，积温稳定在10℃以上的积温量占全年的90%左右，因此以5 200℃的年均积温即大于10℃以上稳定积温量在4 900℃，淮北低缓平原区和大别山北麓波状平原不仅可以满足稻麦两熟的需求，还可发展双季稻。依此积温线以北，黄淮平原的大部分地区不仅适宜多种杂粮作物的生长，还可以满足棉花、水稻等喜温作物的栽培。各个地貌区具体积温变化范围如表5-19所示，黄河北微起伏平原区10℃积温变化在4 688 ~ 5 173℃，该区北半部积温偏低，不利于喜温作物的栽培，豫西山前倾斜平原以及黄河南的两块平原区积温变化分别在4 923 ~ 5 260℃、4 833 ~ 5 202℃和4 800 ~ 5 356℃，基本可以满足种植小麦、棉花、水稻等作物的积温量。淮北低缓平原区的10℃积温变化在5 074 ~ 5 376℃，其南部地区基本可以满足双季稻的栽培。

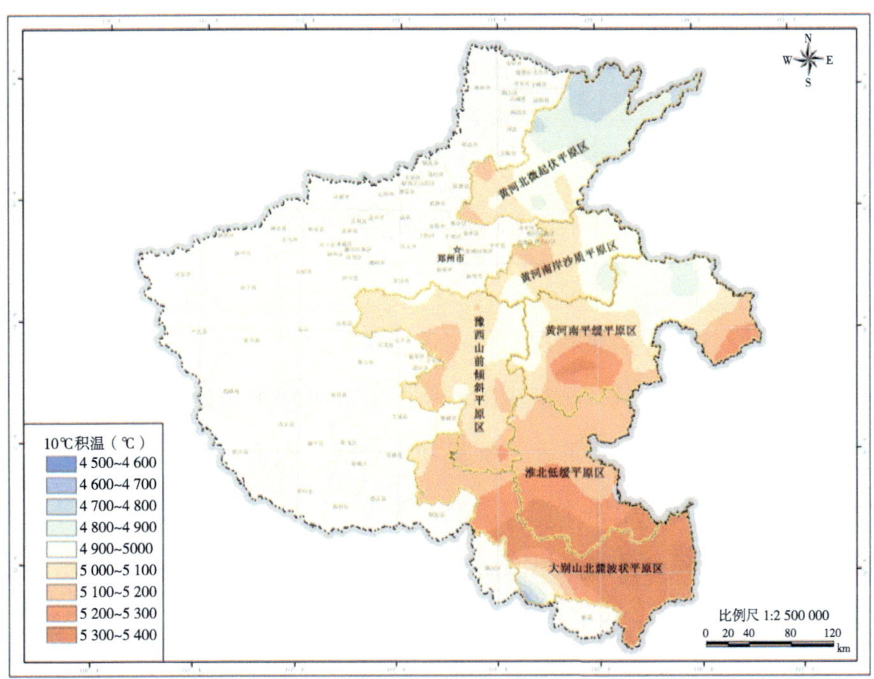

图5-23 河南省黄淮平原10℃积温分布

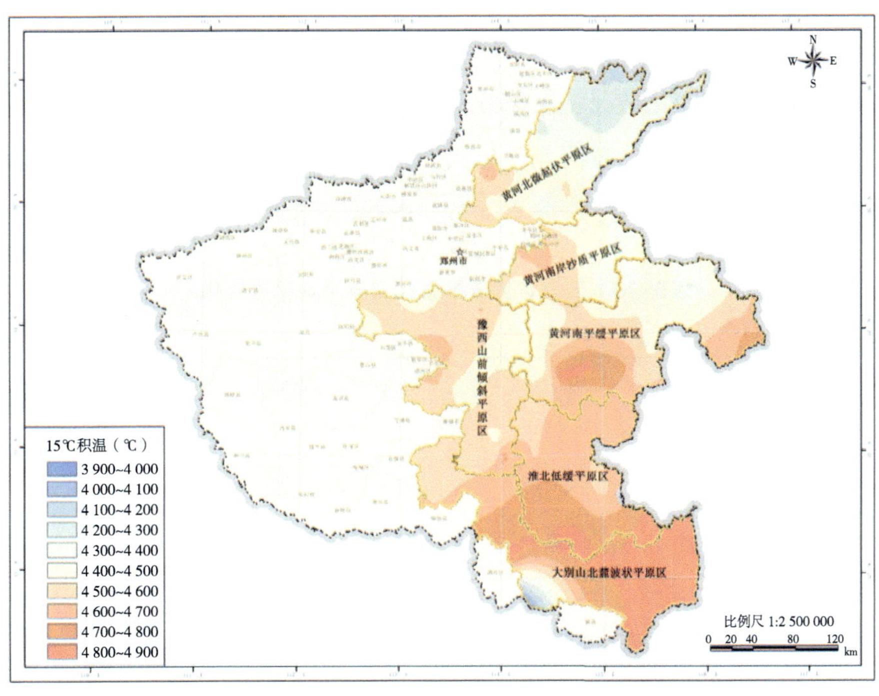

图5-24 河南省黄淮平原15℃积温分布

表5-19　河南省各地貌区单元10℃和15℃的积温分布

黄淮平原地貌分区	豫西山前倾斜平原	黄河北微起伏平原	黄河南岸沙质平原	黄河南平缓平原	淮北低缓平原	大别山北麓波状平原
10℃积温（℃）	4 923 ~ 5 260	4 688 ~ 5 173	4 833 ~ 5 202	4 800 ~ 5 356	5 074 ~ 5 376	4 587 ~ 5 438
15℃积温（℃）	4 356 ~ 4 736	4 101 ~ 4 669	4 300 ~ 4 690	4 282 ~ 4 887	4 542 ~ 4 833	4 899 ~ 3 956

从黄淮平原各区的水热状况总体来说，黄河北岸黄河北微起伏平原区是温和半干旱，全年少雨多旱；黄河南的沙质平原和平缓平原属于温和半湿润，春季多旱，夏秋旱涝交错区，淮北平原温和半湿润、春雨适中，夏秋易涝区；大别山北麓波状起伏的平原属于温热湿润，春雨丰沛区；豫西山前倾斜平原黄土丘陵属于温和半湿润，夏秋多旱区。

结合图5-25至图5-28可以看出，河南省黄淮平原粮食主产区各地貌区近11年来年平均10℃和15℃积温和年平均积温天数的变化趋势，积温的变化和积温天数的变化趋势是一致的，10℃和15℃的年平均积温变化趋势也保持一致，均在2006年和2014年有个峰值。整体来看，这11年各地区10℃和15℃的年平均积温和积温天数的变化情况基本保持一致，其中以大别山北麓坡面平原区的积温温度和积温天数最高，黄河北微起伏平原区的积温温度和积温天数最低（表5-20、表5-21）。

表5-20　河南省黄淮平原10℃年平均积温变化

单位：℃

年份＼地区	黄河北微起伏平原区	黄河南岸沙质平原区	豫西山前倾斜平原区	黄河南平缓平原区	淮北低缓平原区	大别山北麓波状平原区
2005	4 850.99	4 973.73	5 045.57	5 046.24	5 212.07	5 310.89
2006	5 059.12	5 201.54	5 295.23	5 283.09	5 443.80	5 495.00
2007	4 772.66	4 958.21	5 016.65	5 052.81	5 239.21	5 331.01
2008	4 896.60	5 068.90	5 113.87	5 087.00	5 233.14	5 371.95

（续表）

年份＼地区	黄河北微起伏平原区	黄河南岸沙质平原区	豫西山前倾斜平原区	黄河南平缓平原区	淮北低缓平原区	大别山北麓波状平原区
2009	4 844.80	4 950.76	4 971.41	5 004.39	5 088.00	5 182.51
2010	4 749.18	4 977.80	5 010.12	5 040.06	5 164.39	5 277.88
2011	4 713.35	4 827.70	4 880.67	4 952.74	5 086.44	5 189.45
2012	4 875.43	4 991.46	5 039.83	5 070.39	5 155.89	5 169.90
2013	4 977.45	5 163.93	5 227.77	5 259.64	5 323.40	5 474.79
2014	5 064.50	5 146.56	5 065.60	5 186.31	5 163.94	5 302.76
2015	4 826.38	4 929.73	4 900.56	4 976.84	5 117.77	5 180.21
11年平均温度	5 177.22	5 017.30	5 051.57	5 087.23	5 202.55	5 298.76

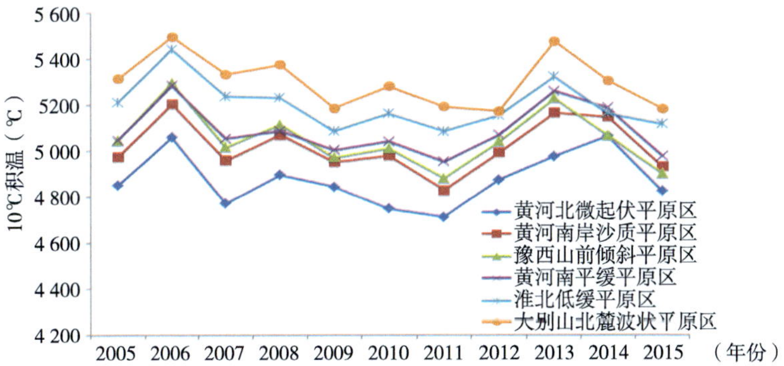

图5-25　河南省黄淮平原10℃年平均积温变化

表5-21　河南省黄淮平原年平均10℃积温天数变化

单位：℃

地区年份	黄河北微起伏平原区	黄河南岸沙质平原区	豫西山前倾斜平原区	黄河南平缓平原区	淮北低缓平原区	大别山北麓波状平原区
2005	234.92	237.14	240.25	238.36	244.22	247.00
2006	242.08	245.86	248.42	249.36	254.56	256.25
2007	230.08	238.57	238.58	240.14	247.78	250.63
2008	240.15	249.14	250.08	249.21	255.44	259.50

（续表）

地区年份	黄河北微起伏平原区	黄河南岸沙质平原区	豫西山前倾斜平原区	黄河南平缓平原区	淮北低缓平原区	大别山北麓波状平原区
2009	228.00	232.14	232.83	233.71	236.33	239.13
2010	229.54	242.43	245.25	244.00	250.67	255.88
2011	229.62	234.86	235.25	239.29	243.67	249.13
2012	224.15	228.00	231.83	230.36	232.56	233.38
2013	229.46	235.43	238.92	238.21	240.22	249.00
2014	239.77	243.71	241.33	245.64	248.33	256.88
2015	225.62	233.14	235.08	238.36	244.00	246.13
11年平均积温天数	232.13	238.22	239.80	240.60	245.25	249.35

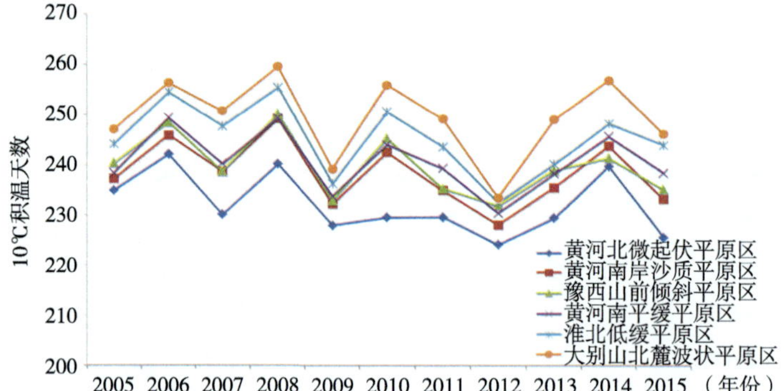

图5-26　河南省黄淮平原年平均10℃积温天数变化

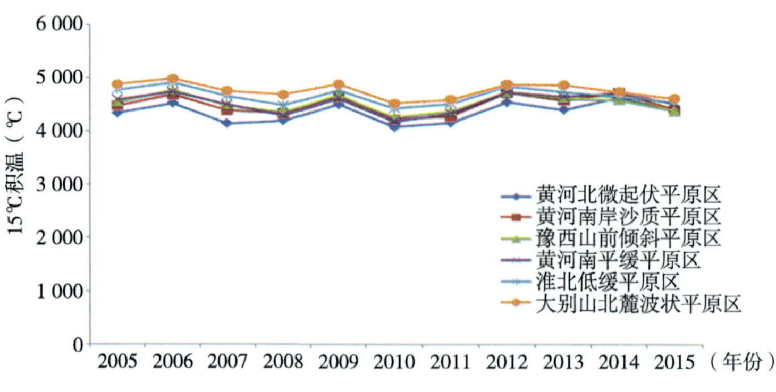

图5-27　河南省黄淮平原15℃年平均积温变化

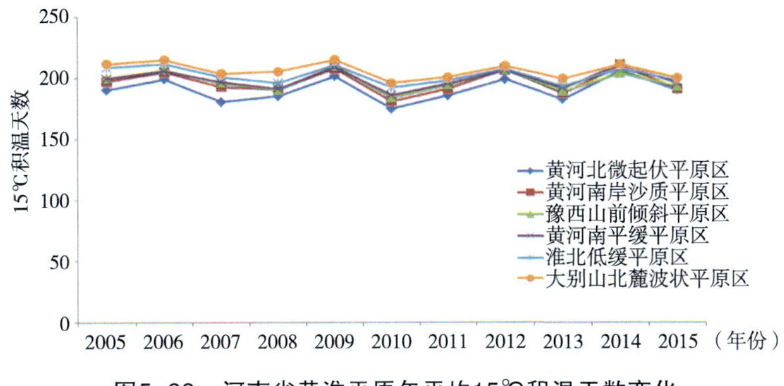

图5-28　河南省黄淮平原年平均15℃积温天数变化

5.5　资源禀赋综合评价

5.5.1　指标分等赋值

本次综合评价利用栅格空间叠加分析（Spatial Overlay Analysis），在统一的坐标系统下，对同一区域的两个或者多个不同主题的数据图层进行逻辑交、差、并运算，并对该区域内的属性进行分析评定，从而得到该区域的多重属性特征或建立对象之间的空间对应关系。为了消除指标不同量纲的不可比性和数值之间的差异，考虑定性指标和定量指标，同时体现指标在空间上的差异性，对指标进行分级赋值或归一化处理，可分为极差、差、中、良、优5级（表5-22）。

表5-22　河南省黄淮平原地表自然资源综合评价指标分等赋值

指标	极差	差	中	良	优
	1	2	3	4	5
地貌类型	低河漫滩、花岗岩山地	古河漫滩、侵蚀剥蚀山地丘陵、高河漫滩	侵蚀的黄土台塬地、山地丘陵、决口扇、洼地、古河道	台地、高地	平原、阶地
坡度	>35°	25°～35°	15°～25°	6°～15°	0°～6°

（续表）

指标	极差	差	中	良	优
	1	2	3	4	5
土壤状况	红黏土、新积土、风沙土、石质土、粗骨土、盐土	褐土性土、黏盘黄棕壤、中性紫色土、盐化潮土、碱化潮土、石灰质砂姜黑土、碱土、潜育型水稻土	石灰性褐土、黄棕壤、黄褐土、白浆化黄棕壤、棕壤性土	石灰性褐土、黄棕壤、黄褐土、白浆化黄棕壤、棕壤性土、灌淤潮土、湿潮土、砂姜黑土、漂洗型水稻土	褐土、草甸沼泽土、灰潮土
土壤垦殖率	>0.3	0.3 ~ 0.54	0.54 ~ 0.64	0.64 ~ 0.7	0.7 ~ 0.78
河网密度	>0.5	0.5 ~ 1	1 ~ 1.5	1.5 ~ 2	2 ~ 2.7
地表径流			进行归一化处理，值域（1，5）		
积温			进行归一化处理，值域（1，5）		
降水			进行归一化处理，值域（1，5）		

5.5.2 综合评价结果

5.5.2.1 总体评价

河南省黄淮平原区总体来说资源禀赋良好，区内地貌条件突出，平原广阔，松散堆积层深厚，源于山地的众多河流流经区内，水源较为丰富。是河南省大面积耕地的主要集中分布区，但是区内也分布岗洼地、水土易流失的黄土丘陵、低山等地貌，盐碱、旱涝等不利因素使得区域内部资源禀赋好、中、差分布不均。

总体来说，黄淮平原从北向南，资源禀赋的变化为中—良—优—良，从西南向东北看，资源禀赋的变化为中—差—优—良—中，这样一个变化趋势，如表5-23、图5-29所示。其中，资源禀赋最优的区域面积为10 166.90km^2，占全区面积的12.36%；资源禀赋良好的区域面积最大，达45 827.53km^2，占全区面积的一半以上，为55.72%。资源禀赋居中的区域面积为25 794.10km^2，占全区面积的31.36%，该评价区资源禀赋最差的区域面积不大，为461.29km^2，面积占比为0.56%。

表5-23 河南省黄淮平原资源禀赋在各区域的占比

分区	差		中		良		优		合计（km²）
	面积（km²）	占比（%）	面积（km²）	占比（%）	面积（km²）	占比（%）	面积（km²）	占比（%）	
黄河北微起伏平原	27.30	0.21	12 931.71	99.79	0.00	0.00	0.00	0.00	12 959.01
黄河南岸沙质平原	0.00	0.00	2 369.9	30.72	5 345.5	69.29	0.00	0.00	7 715.47
豫西山前倾斜平原	433.97	2.95	2 123.94	14.45	12 048.81	82.00	86.85	0.59	14 693.57
黄河南平缓平原	0.00	0.00	2 077.38	11.39	16 159.77	88.61	0.00	0.00	18 237.15
淮北低缓平原	0.00	0.00	16.16	0.13	8 449.17	66.44	4 251.03	33.43	12 716.36
大别山北麓波状平原	0.00	0.00	929.46	5.84	9 169.78	57.57	5 829.02	36.60	15 928.26
合计	461.29	0.56	25 794.10	31.36	45 827.53	55.72	10 166.90	12.36	82 249.82

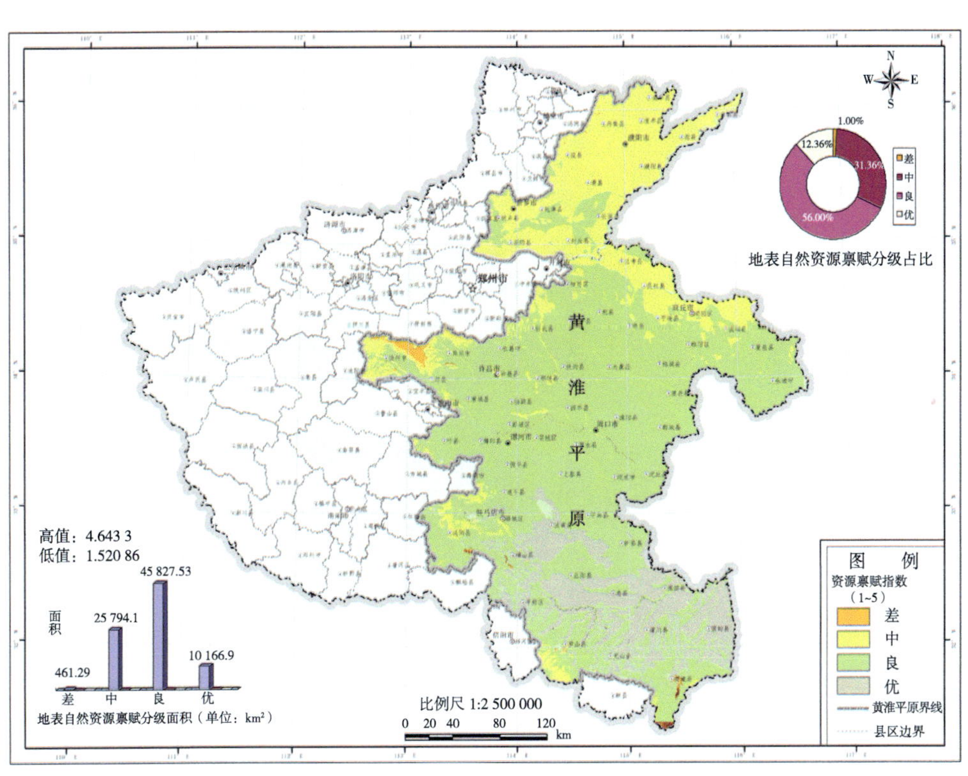

图5-29 河南省黄淮平原资源禀赋综合评价

5.5.2.2 分区评价

黄淮平原各个地貌区域的资源禀赋差异不同，资源禀赋较为良好的区域位于黄河南平缓平原区和淮河南北的平原区，所占面积大。黄河北平原区资源禀赋次之，豫西山前倾斜平原的资源禀赋较差（表5-24、图5-30）。

表5-24 河南省黄淮平原各区自然禀赋在各级类型的占比

资源禀赋评价等级	黄河北微起伏平原（%）	黄河南岸沙质平原（%）	豫西山前倾斜平原（%）	黄河南平缓平原（%）	淮北低缓平原（%）	大别山北麓波状平原（%）
差	5.92	0.00	94.08	0.00	0.00	0.00
中	63.4	11.59	10.39	10.16	0.08	4.55
良	0.00	10.45	23.55	31.58	16.51	16.92
优	0.00	0.00	0.85	0.00	41.81	57.33

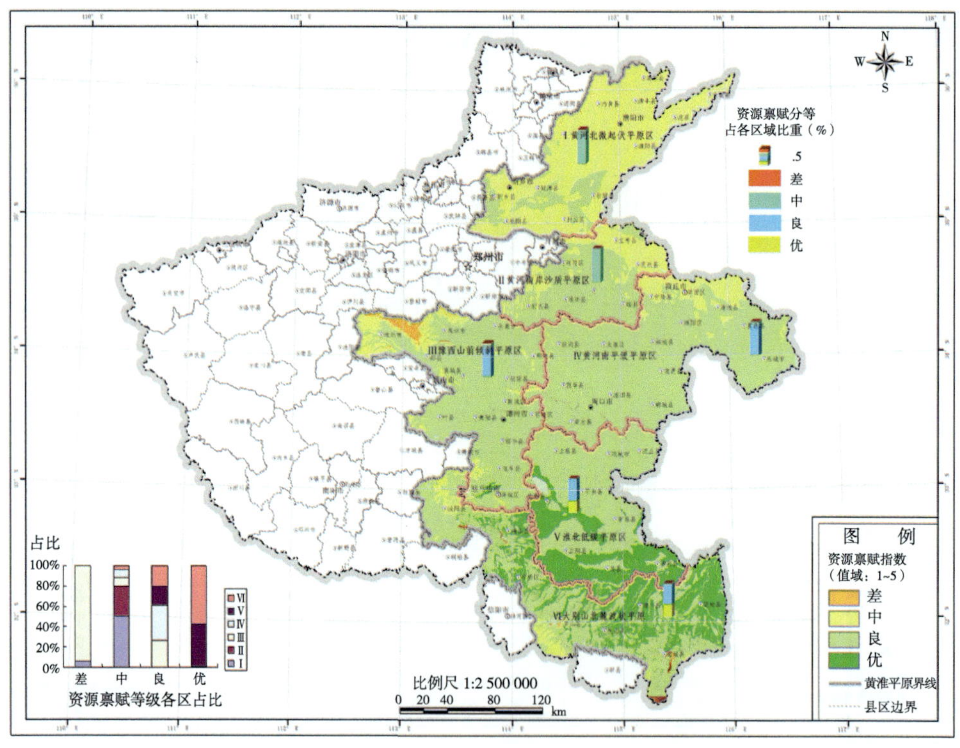

图5-30 河南省黄淮平原资源禀赋分区综合评价

黄河北微起伏平原，位于黄河冲积扇平原区的北翼，资源禀赋区内中级占该区域面积的99.79%，占黄淮平原中级地区的63.40%，资源禀赋为差级的区域占黄淮平原的5.92%，总体处于全区的一个中等级别。该区域古河槽洼地、古河漫滩、古背河洼地及古河道高低等冲积扇上的微地貌形态多，在20世纪该地貌成为区域一个不利的地貌类型，但现今人们已经对这些地形进行了大面积的改造，填洼截高，地势相对平坦。微倾斜平地分布广泛，面积较大，适宜耕作，尤其是古黄河滩地成为稳定的农田基地之一，并且该地区水网密度不大，非常有利于农业机械化耕作。该地貌区潮土为主，兼有风沙土、盐土等不利耕作的土壤类型，其成土母质为近现代的河流冲积物，一般夹带有大量黄河泥沙，其养分不如淮河平原高，土壤的保水性能差，水热条件成为制约区域的一个不利因子。该区域是黄淮平原降水最少的区域，年径流深度也是全区最低的一个区域，10℃积温量较低的区域。该区春季多旱，加上蒸发旺盛，土壤的保水性能差。夏季降水虽多，但变率大，夏秋季节易发生涝灾。以上这些均对农业生产极为不利，今后需在该区加强防旱防涝的工作。

黄河南岸沙质平原区全区的资源禀赋良好占本区面积69.29%，中等级的占比30.72%，两个级别的土地面积分别占黄淮平原区的10.45%、11.59%。该区域以前沙丘、沙岗地、波状沙地等风沙地貌类型突出，然而随着植被覆盖度加大，风沙变弱以及人为对地表的改造，现今风沙地貌的遗存较少。但区域地表还是以沙质物质为主，土壤保水保肥性能差，再加上东部地表径流量极小，水热条件差，粮棉的种植条件相对较差，在黄河南岸沙质平原东部沿省边界部位出现了资源禀赋为中等级别的条带状区域。黄河南岸沙质平原区有一定的泛滥淤积地，水热条件相对较好，适宜农耕。

豫西山前倾斜平原区位于冲积扇平原的东部山前地带，其资源禀赋差级别占全区该级别的94.08%，中等的占8.23%，良级别的占26.29%，优秀的非常少，为0.85%。但豫西山前倾斜平原的差级别的资源禀赋在该区的面积占比为2.95%。区内靠近山地丘陵地带的西北部岗地干旱，水热条件不佳，坡度大，地表为粗骨土，易造成水土流失，对耕作不利，成为区域中资源禀赋较差的区域，可适宜发展农业和牧业。但其他广大区域倾斜和缓，土层深厚而肥沃，灌溉水源较好，具有建设稳产农田的良好条件，但该区域临近的山地、丘陵，地貌上沟谷较多，夏季是暴雨集中且山洪暴发的地方，要加强防洪抗灾的防范和建设。

黄河南部的倾斜平原区，资源禀赋中等级别的占该区域的11.39%，良级别的占88.61%，基本处于良好状态。该平原是一种缓状倾斜，局部有古河道洼地和古河道高地，其他大部分地区平坦广阔，土层深厚，水热条件组合较为理想，水源也相当丰富，具备发展农业的良好条件。在该区东北沿省边界，有少量的风沙土和盐化潮土，不利于农作物的耕种。

淮北低缓平原地面平坦，海拔高度大部在40～50m，地势由西北向东南倾斜，主要由冲积平缓平原地貌组成，土层深厚，土质肥沃，水源丰富，水热条件较好，水资源非常丰富，尤其是发源于桐柏山、伏牛山的淮河支流水系发达，水网密度大，本地区虽然砂姜黑土土质较为黏重，有机质含量一般，但水热资源具备发展耕作生产的良好条件，有利用农业的发展。本区资源禀赋优等级别的在全区占41.81%，主要分布在淮北平原的西部和南部，良好级别的占16.51%，分布在该区域的东北部。中等级别的仅有0.08%，该平原区属于6个区域单元中最好的区域。

位于大别山北麓的波状平原区，主要呈带状交叉分布着洪积倾斜平原和冲积河谷带状平原两种地形。该平原区资源禀赋优等级别的占该区域总面积的12.36%，良好等级的区域占66.44%，两种级别的资源禀赋分布区域基本也呈条带状相间分布。洪积倾斜平原是带状岗地，面积广，土层深厚，土质也较为肥沃，生产潜力很大，但是该类型区域地势高亢，水源较为缺乏，地面还起伏不平，土质又比较黏重，相对来说生产力水平较低。冲积河谷带状平原不仅地表宽阔平坦，土层深厚，而且水源丰富，水热条件非常好，土壤肥沃，是良好的水田基地。资源禀赋为中等级别区域占该区域面积的16.16%，主要分布在该平原区的西南角。该地区由于海拔较高，热量低，坡度大，土壤弱发育为粗骨土，不适宜于耕种，植被在此生长不利，极易发生水土流失。

6　典型农区地表自然资源分布统计与评价

黄淮平原粮食主产区地表覆盖资源由耕地、林地、草地和水域4部分组成，其中主要以耕地为主（表6-1、图6-1）。在这4种资源分类中，耕地面积为53 308.28km^2，占比75.00%；林地面积为12 322.90km^2，占比17.34%；草地面积为3 548.71km^2，占比4.99%；水域面积为1 901.03km^2，占比2.67%。

耕地主要由水田和旱田构成，其中旱田面积37 973.90km^2，水田面积6 185.30km^2，分类占比分别为66.3%和8.70%，水田主要分布在大别山北麓波状平原和淮北低缓平原区南部。

林地主要由乔木林、灌木林、绿化绿地、人工幼林构成，其中乔木林面积10 069.40km^2，灌木林面积1 835.72km^2，绿化绿地面积94.77km^2，人工幼林面积167.39km^2，分类占比分别为14.17%、2.58%、0.13%和0.24%。

草地分为天然草地和人工草地，其中天然草地面积3 366.67km^2，人工草地面积182.03km^2，分类占比分别为4.74%和0.26%。

表6-1　河南省黄淮平原地表自然资源

地表分类	耕地		林地				草地		水域
	水田	旱田	乔木林	灌木林	绿化绿地	人工幼林	天然草地	人工草地	水域
分类面积（km^2）	6 185.30	37 973.90	10 069.40	1 835.72	94.77	167.39	3 366.67	182.03	1 901.03
分类占比（%）	8.70	66.3	14.17	2.58	0.13	0.24	4.74	0.26	2.67
总面积（km^2）	53 308.28		12 322.90				3 548.71		1 901.03
占比（%）	75.00		17.34				4.99		2.67

如图6-2，从地貌分区图来看，6个区域中地表覆盖资源主要以耕地为主，除了大别山北麓波状平原区外，其他5个区耕地面积比重均在75%以上，其中黄河北微起伏平原区耕地面积比重高达83.54%。大别山北麓波状平原区在6个区域中林地资源面积最大，其林地面积大小为4 601.66km^2，占比为31.64%。草地和水域资源在6个区域当中零星分布，占比较小。

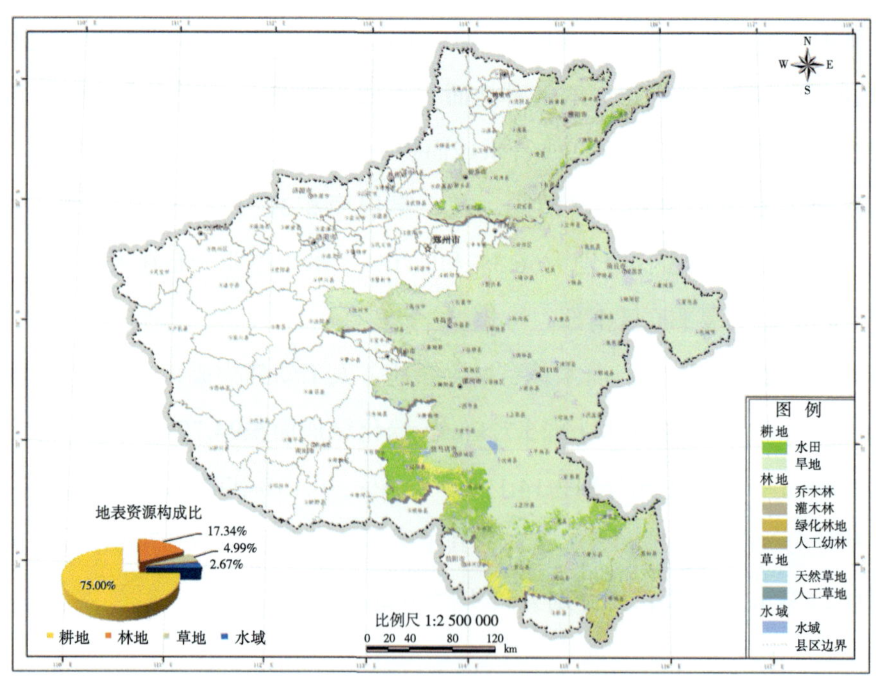

图6-1　河南省黄淮平原地表自然资源分布

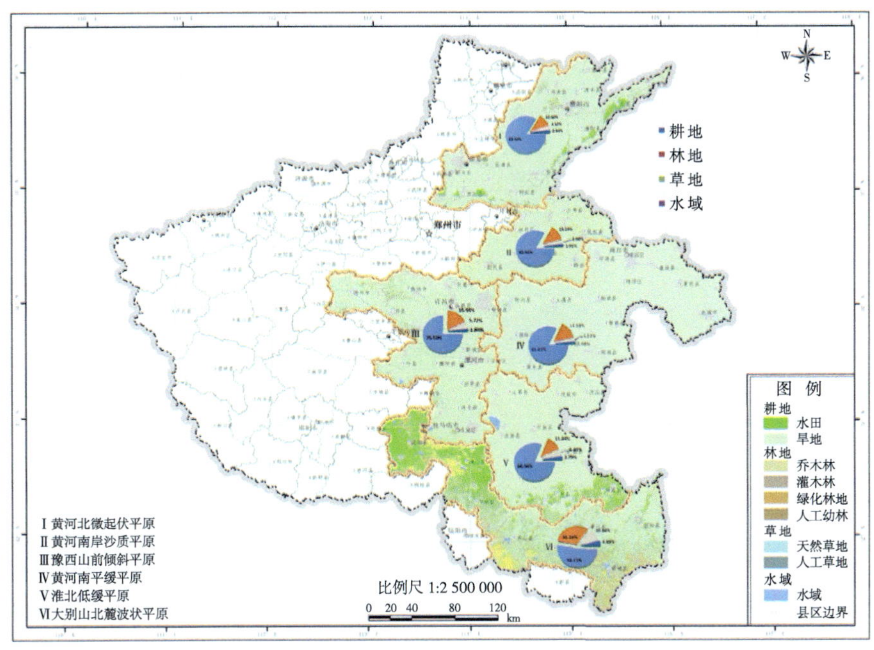

图6-2 河南省黄淮平原地表自然资源分区

6.1 自然地块分布

6.1.1 自然地块面积空间分布

自然地块（林地、草地和水域）有助于控制侵蚀和沉积物移动，帮助补充地下水，为野生动物提供主要的栖息地，并能支撑碳存储等生态过程。

在黄淮平原的自然地块中，面积小于100km^{2}的占比为22.5%；面积在100～200km^{2}的占比为40.8%；面积在200～300km^{2}的占比为16.9%；面积在300～400km^{2}的比较稀少，占比为7%；面积大于400km^{2}的占比为12.7%。其中，自然地块面积大于400km^{2}的主要集中在大别山北麓波状平原区的固始县、商城县、光山县、罗山县、泌阳县、确山县，豫西山前倾斜平原区的汝州市、禹州市及淮北低缓平原区的息县。自然地块面积较大的区域对农作物产量会造成一定的影响，除此之外还会影响耕地提供生态系统服务的能力和类型（图6-3）。

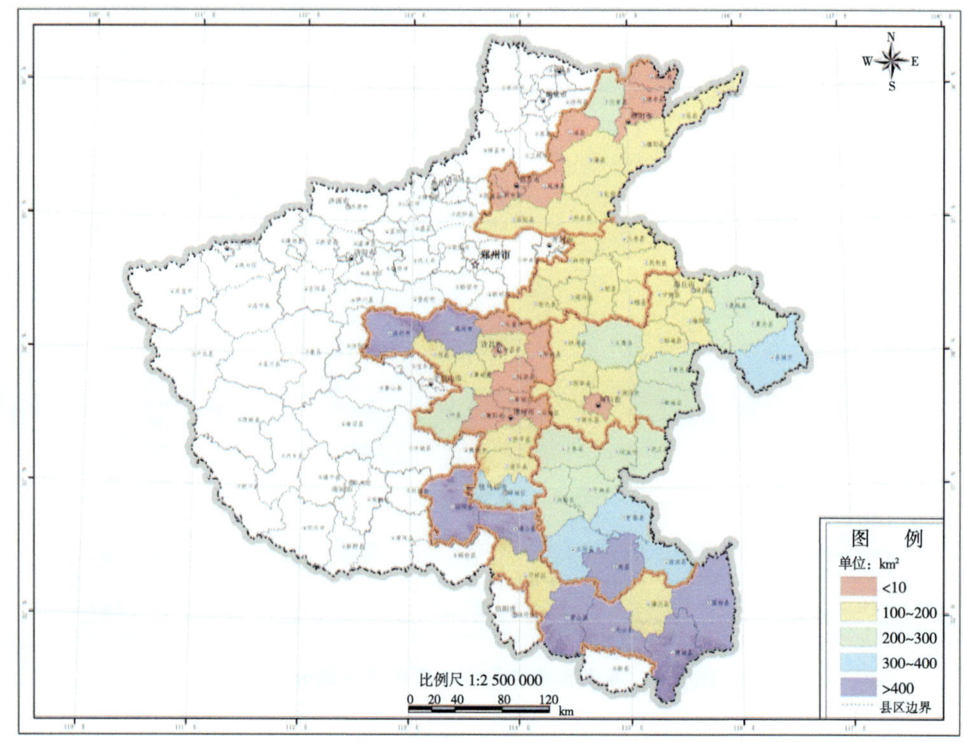

图6-3 河南省黄淮平原分县自然地块面积分布

6.1.2 自然地块聚集度

从农业的景观角度上说，孤立分布的小面积自然地块，除了影响农作物产量外，还直接影响土地提供生态系统服务的能力和类型。但同时土地的所有权和土地利用历史也影响着自然地块的大小。

河南黄淮平原的自然地块组合包括林地、草地、灌木林地和湿地，由于受地形、气候等要素的影响，自北向南，自山地向丘陵再到平原，构成了多样的生境条件，再加上人为的干扰和影响，出现了多样的自然地块及其不同集聚度和分离度。整个黄淮平原斑块数（NP）从北向南的趋势大体是逐渐增加的，从209 909增加到912 216。但最大斑块指数（LPI）、平均斑块面积（AREA_MN）、景观分离度（SPLIT）、聚集度指数（AI）在各个区的分布却不一样，具体分布特征见表6-2、图6-4和图6-5。

表6-2 河南省黄淮平原自然地块分区景观格局指数

地貌分区	景观指数				
	NP	LPI	AREA_MN	SPLIT	AI
黄河北微起伏平原	329 653	1.19	0.54	1 401.98	79.19
黄河南岸沙质平原	209 909	1.24	0.53	1 544.09	79.19
豫西山前倾斜平原	348 181	4.11	0.85	353.98	82.48
黄河南平缓平原区	438 879	0.53	0.64	7 276	62.15
淮北低缓平原区	422 572	3.64	0.52	668.03	75.3
大别山北麓平原区	912 216	2.02	0.76	547.35	71.7

黄河北微起伏平原和黄河南岸沙质平原的自然地块景观格局指数基本相近。NP、LPI、AREA_MN、SPLIT、AI的依次分别是329 653、1.19、0.54、1 401.98、79.19和209 909、1.24、0.53、1 544.09、79.19。两块平原区分别位于黄河冲积扇的南北两翼，自然环境和微地貌类型较为接近。该区土地耕种历史较长，居住人口较多，村落分布密集，自然地块的分离度值大，人为干扰地表景观多而杂，切割较大。最大斑块指数在全区居中，平均斑块面积也较小。

豫西山前倾斜平原的自然地块数为348 181块，该区域平均模块面积、最大斑块指数和集聚度6个区中最大，分别为0.85hm^2、4.11hm^2，82.48hm^2，相应的该平原区的分离度指数最小。豫西山前倾斜平原主要是由黄土状亚黏土形成的洪积冲积地貌，加以冲积的河谷带状平原，地貌单元和生境相对来说较为均一整合，加之该区域人口、村落密度等相对较小，自然地块的破碎度大大降低。该区的低山丘陵地区，从水土保持和防洪灾害的角度，多年来一直受到重视，自然地块集聚度偏高，因此在该区的西北角自然地块的平均斑块面积和聚集度出现了较高值。

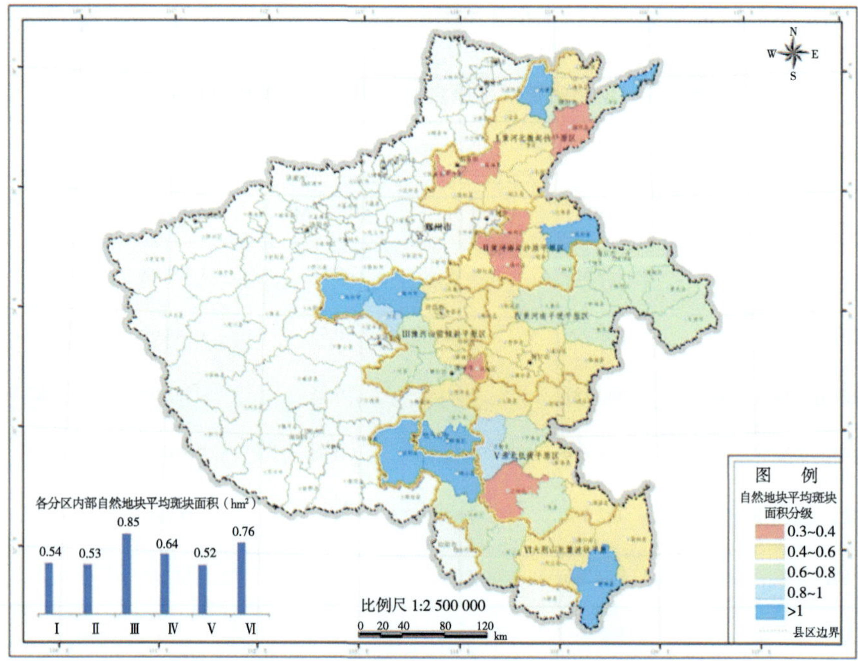

图6-4 河南省黄淮平原自然地块平均斑块指数分布

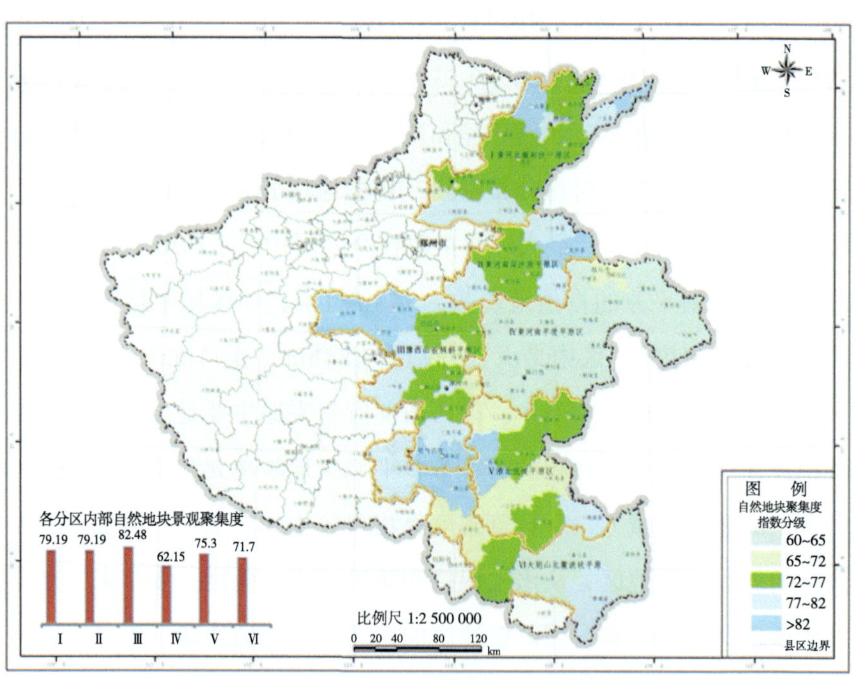

图6-5 河南省黄淮平原自然地块聚集度指数分布

大别山北麓平原区相对于豫西山前平原区自然地块最多，为912 216块，最大斑块指数（LPI）、平均斑块面积（AREA_MN）分别为2.02和0.76hm^2。该区域分离度相对不大，为547.35，聚集度相对较小，为71.7。该区域的南部为条带状岗地和低地相交错的波状平原，人口数量、村落、工矿等人为干扰相对较小，在其最南部的临近山地丘陵区，更是自然地块分离度最小，聚集度最高的区域，这与其地形和生态保护等是分不开的。

黄河南平缓平原区自然地块数量为438 879块，不论是最大斑块指数（LPI）、平均斑块面积（AREA_MN）还是聚集度指数（AI），都是6个区域中最小的，分别为0.53、0.64hm^{2}和62.15，景观分离度（SPLIT）相应最大为7 276，这与该区域耕作历史、人为活动的干扰大势密不可分。

淮北低缓平原区相对来说自然地块数略高，有422 572块，最大斑块指数（LPI）、平均斑块面积（AREA_MN）分别为3.64、0.52hm^2，自然地块的集聚度为75.3，分离度为668.03，相对来说在6个区的斑块破碎度略高，一方面与人类活动干扰密不可分，另一方面该区域河网密度大，也起到了加大自然地块破碎度的作用。

6.2　地表水资源分布

河南省地表水资源丰富，年平均（1956—2000年）地表水资源量303亿m^3，折合径流深为182.8mm，主要来源于大气降水。河南省内河流、水系比较发育，然而受地形地貌影响，地表水资源分布不均匀，呈现“南多北少，山区多，平原少”的局势：①山丘区人口、城镇分布稀少，耕地只有全省的1/3，需水量小，地表径流占全省的70%；②平原地区拥有全省耕地面积的2/3，且城镇、工业企业集中，人口居住稠密，用水量大，地表径流量却只有全省的30%，呈现缺水状态。地表径流的分布与人口、耕地、城镇分布和经济布局极不适应。

黄淮平原地处亚热带向暖温带过渡区（包括郑州、开封、商丘、许昌、漯河、驻马店、信阳和周口8市），降水量季节分配不均，尤其是在冬小麦的生长期，地表降水仅占全年的30%，远不能满足农业灌溉需求。

根据《河南省水资源综合规划》成果，全省多年平均水资源总量403.5亿m^3/年，产水模数24.4万m^3/km^2。许昌以北地区不足20万m^3/km^2。按2010年年底统计的常住人口和常用耕地面积推算，全省人均占有水资源量429m^3，耕地亩均占有量374m^3，约为全国平均水平的1/5和1/4，尤其是豫北、豫东平原区，人均、亩均水资源占有量更少。2015年，全省地表水资源量为186.74亿m^3，折合径流深为112.8mm，比多年平均偏少38.3%。

由于地表水资源的时空分布不均，黄淮平原的农业用水主要依赖引黄灌溉和地下水井灌。

6.2.1 农业用水总量指标

水是最基本的农业生产资源，是实现农业发展的重要前提条件，在对农业的影响上缺水问题远远大于其他。河南省人口众多，占全国的7.6%，而作为国家粮食生产核心区，水资源总量却仅占全国的1.47%，每年承担着大约占全国1/10粮食生产任务。

然而由于农业生产条件落后、法治监管不到位，农业用水存在浪费、污染严重、水质恶化恶性循环等问题。其中河南省黄淮平原大部分地区地表农业用水缺乏，导致中深层地下水过量开采，出现面积和深度不等的漏斗区。根据2015年统计的全省各流域的各行业用水数据，农业用水总量超过10 000万m^3的有：信阳、周口、新乡、南阳4个地市。农业用水总量在4 000万m^3以上、10 000万m^3以下的有：洛阳、郑州、驻马店、焦作、安阳、开封、商丘、濮阳8个地市。农业用水总量在13 000万m^3以上、40 000万m^3以下的有：三门峡、济源、漯河、平顶山、许昌、鹤壁6个地市，如图6-6所示。

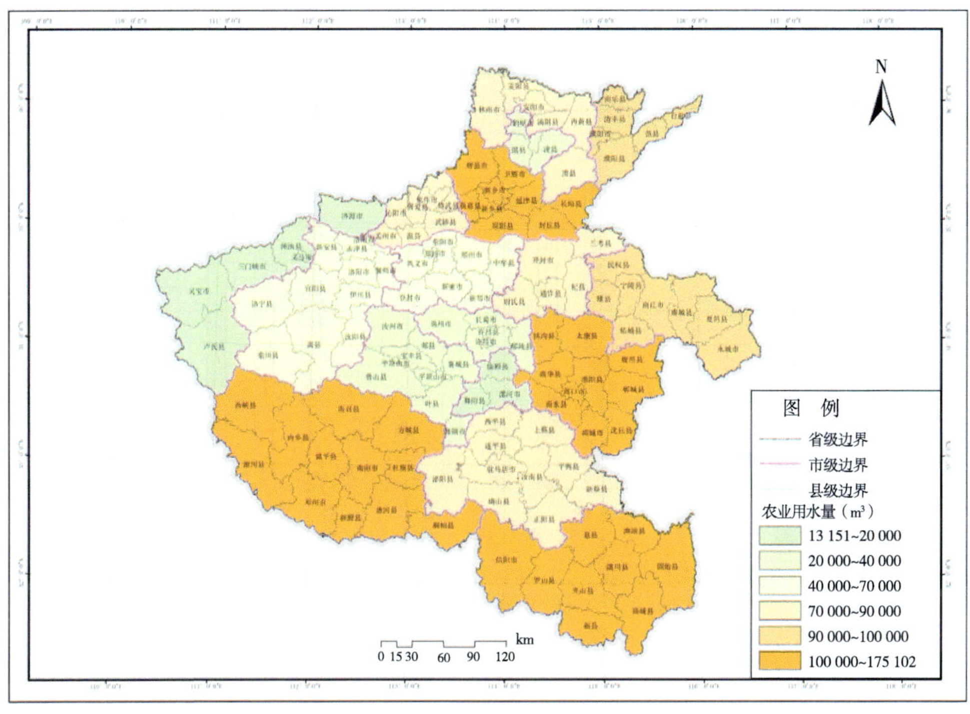

图6-6 2015年河南省农业用水等级分布

6.2.2 水资源开发利用评价

2015河南省总用水量222.83亿m³，其中农、林、渔业用水120.09亿m³（农田灌溉110.90亿m³），占总用水量的53.9%；工业用水52.51亿m³，占23.6%；城乡生活、环境用水50.23亿m³，占22.5%。其中，黄淮流域用水量为162.26亿m³，占全省总用水量的72.8%。

由于水源条件、产业结构、生活水平和经济发展状况的差异，各省辖市用水量及其结构有所不同。郑州、洛阳、平顶山、许昌、漯河、三门峡、南阳等市工业用水相对较大，占其用水总量比例超过25%；开封、安阳、鹤壁、新乡、焦作、濮阳、商丘、信阳、周口、驻马店等市农林渔业用水占比例相对较大，均在60%以上。2015年全省各省辖市用水及其结构如图6-7所示。

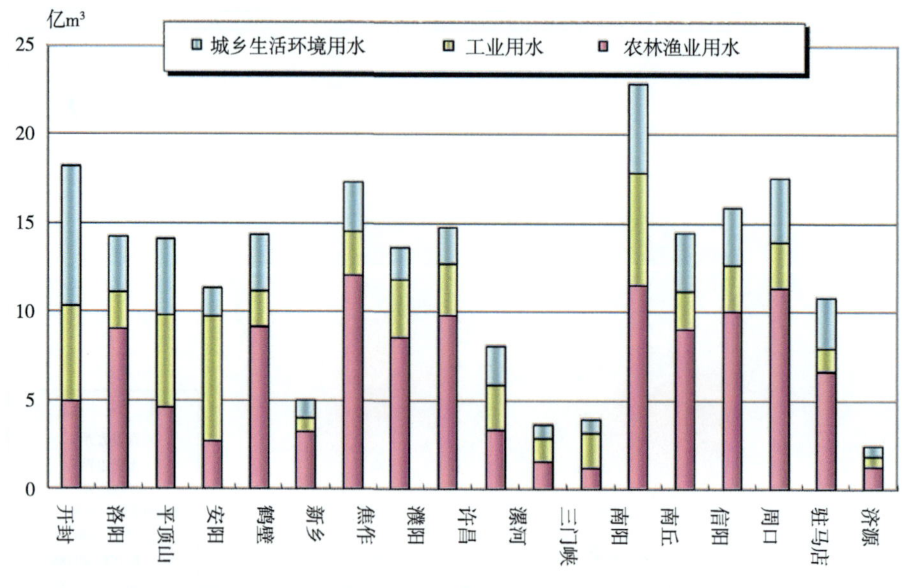

图6-7 2015年河南省省各辖市用水总量及其结构

6.3 耕地资源分布

6.3.1 耕地面积空间分布

黄淮平原中分县耕地面积小于400km^{2}的占6.3%，面积在400～600km^{2}的占比为10.9%，面积在600～800km^{2}的占比为31.3%，面积在800～1 000km^{2}的占比为35.9%，面积大于1 000km^{2}的占比为15.6%。其中，耕地面积大于1 000km^{2}的主要集中在黄河北微起伏平原区的滑县，黄河南平缓平原区的永城市、太康县、郸城县，淮北低缓平原区的新蔡县、上蔡县、汝南县、正阳县、息县以及大别山北麓波状平原区的泌阳县。淮北低缓平原区中面积大于1 000km^{2}的县区占比最大。黄淮平原区中分县耕地面积主要集中在600～1 000km^2，占比为67.2%，如图6-8所示。

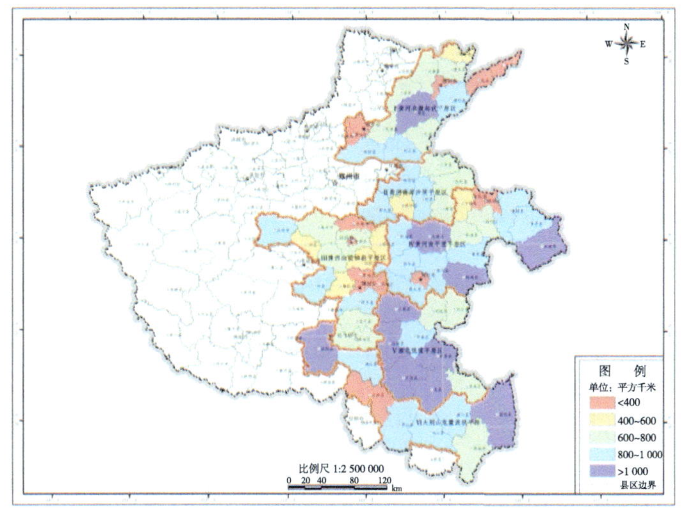

图6-8　河南省黄淮平原分县耕地面积分布

河南省黄淮平原粮食主产区基本农田总面积占黄淮平原粮食主产区耕地面积的73.53%，大别山北麓波状平原区基本农田占耕地面积最小，为25.30%，其他区域基本农田占耕地比重都达到70%以上。基本农田占耕地比重大于90%的区域主要分布在漯河的舞阳县和临颍县（图6-9、表6-3）。

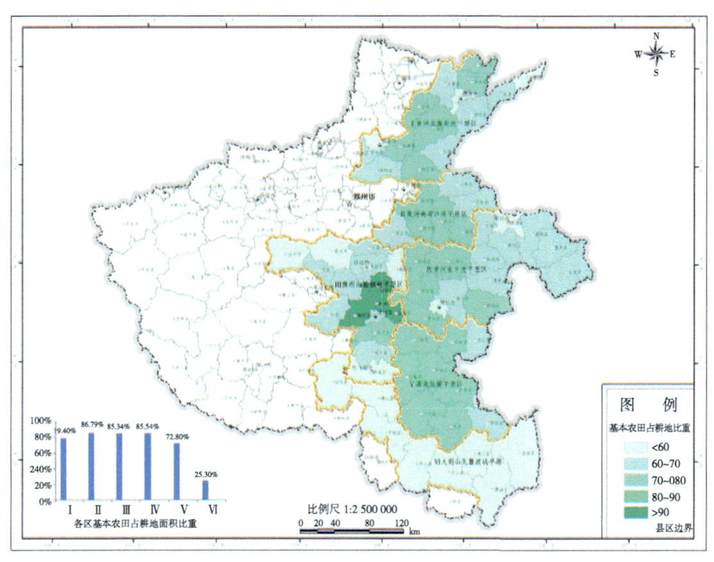

图6-9　河南省黄淮平原基本农田占耕地面积比重分布

表6-3 河南省黄淮平原粮食主产区种植结构变化

农作物	指标	2006	2007	2008	2009	2010	2011	2012	2013	2014	2015
粮食作物	种植面积（hm^2）	572.62	580.28	590.05	597.16	480.71	605.79	614.95	622.52	633.92	637.54
	比重（%）	0.66	0.67	0.69	0.69	0.68	0.70	0.71	0.71	0.72	0.72
经济作物	种植面积（hm^2）	149.21	144.26	136.21	131.47	111.51	122.82	113.89	102.53	107.83	105.39
	比重（%）	0.17	0.17	0.16	0.15	0.16	0.14	0.13	0.12	0.12	0.12
其他作物	种植面积（hm^2）	142.98	142.87	132.24	137.16	113.89	141.11	143.26	144.76	143.12	142.46
	比重（%）	0.17	0.16	0.15	0.16	0.16	0.16	0.16	0.17	0.16	0.16

6.3.2 耕地聚集度

斑块数（NP）指某一景观或斑块类型中所有相关斑块的数目，用于描述景观的异质性。其值的大小与景观的破坏性有很好的正相关性，一般规律是NP大，破碎度高；NP小，破碎度低。

最大斑块指数（LPI）指某一斑块类型中的最大斑块占整个景观面积的比例，反映各种土地利用类型斑块面积的均匀程度。

平均斑块面积（AREA_MN）用于描述景观粒度，在一定意义上揭示景观破碎化程度。

景观分离度（SPLIT）取值范围为1≤SPLIT<100指某一景观中不同斑块个体空间分布的离散（或聚集）程度，分离度越大，景观分布越复杂，不同景观类型之间的演替就越频繁。

聚集度指数（AI）在斑块类型水平，聚集度指数描述景观中同一斑块类型之间的自然衔接程度，即斑块类型之间的相互分散性。在景观水平，该指数的特性还未进行评价。聚集度指数明确考虑了斑块类型间的相邻关系，因此能够反映景观组分的空间配置特征。

整体来说，河南省黄淮平原的耕地斑块集聚度较高，最大斑块指数和平均斑块面积较大，具体的分布和数值见表6-4、图6-10和图6-11，黄淮平原以粮食生产为主，耕地分布广泛，分布密集，耕地的集聚度指数变化在85～96.95，除大别山耕地的集聚度较低为85外，其他5个地貌单元区的集聚度指数在96.5左右。大别山由于波状起伏的岗洼地表和岗丘地区大小众多的沟谷，使得该区域耕地斑块多而破碎，集聚度低。

表6-4 河南省黄淮平原耕地分区景观格局指数

分区	景观指数				
	NP斑块数（个）	LPI最大斑块指数（最大一块斑块占景观比例）	AREA_MN平均斑块面积（hm^2）	SPLIT（分离度指数）	AI（聚集度指数）
黄河北微起伏平原	30 374	2.618	29.63	236.57	96.74
黄河南岸沙质平原	17 078	2.831 6	31.88	144.13	96.87
豫西山前倾斜平原	53 952	1.5	16.97	277.62	96.12
黄河南平缓平原区	33 571	6.279 7	37.41	122.14	96.95
淮北低缓平原区	41 170	3.86	22.6	172.91	96.25
大别山北麓平原区	164 056	4.27	4.7	126	85

从表6-4中可以看出，大别山北麓平原区耕地斑块个数最多，达到164 056个，且该区域平均耕地斑块面积最小，仅有4.7hm^2，表明该区域的耕地破碎程度较高。景观整体破碎度，在一定程度上反映了人为活动对景观的干扰程度。这说明在大别山北麓平原区耕地景观演化过程中人为干扰程度大。黄河南平缓平原区最大耕地斑块指数为6.279 7，这个指数在六大区域中是最高的一组，表明该地区耕地斑块均匀程度最好。

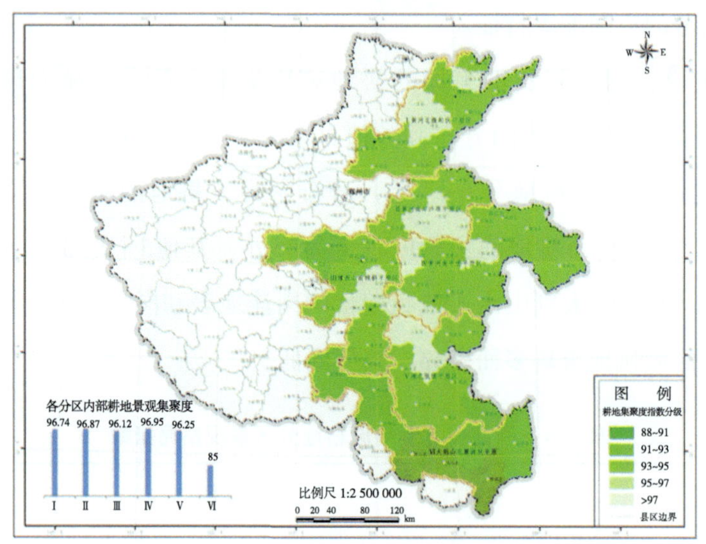

图6-10　河南省黄淮平原耕地聚集度指数分布

黄淮平原以粮食生产为主，耕地分布广泛，分布密集。从斑块耕地聚合度来看，黄河北微起伏平原、黄河南岸沙质平原、豫西山前倾斜平原，黄河南平缓平原，淮北低缓平原相当，均在96%以上，表明这些地区耕地斑块之间自然衔接程度好，而大别山北麓平原区耕地斑块聚合度只有85%，该区域中的罗山县、光山县、商城县聚合度表现较差。

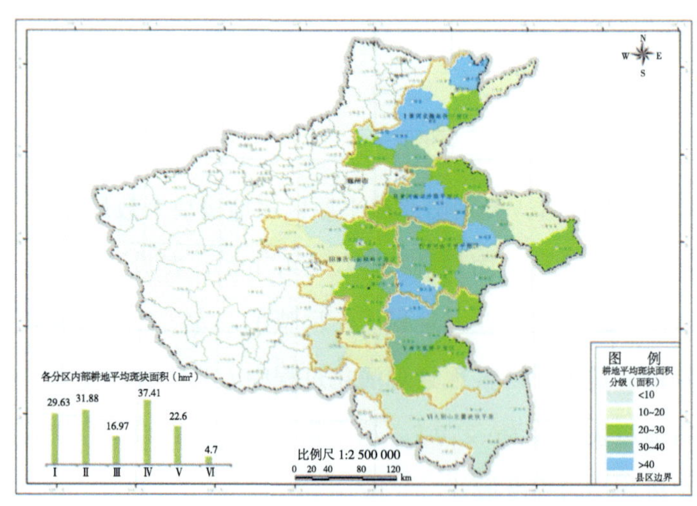

图6-11　河南省黄淮平原耕地平均斑块面积分布

6.3.3 人均耕地面积

人均耕地面积是指人均占有的耕地面积，即耕地面积除以总人口数，它反映人均耕地占有量的现状以及对农村土地利用的压力。

从图6-12来看，人均耕地面积较大的区域主要包括淮北低缓平原区和大别山北麓波状平原区，其人均耕地面积分别为1.52亩和1.67亩。其中，人均耕地面积大于1.9亩的县市包括淮北低缓平原区的汝南县、正阳县、息县，大别山北麓波状平原区的确山县，豫西山前倾斜平原区的遂平县及黄河北麓起伏平原区的延津县。人均耕地面积最小的区域为豫西山前倾斜平原区，其各县区的人均耕地面积的平均值只有1.18亩。

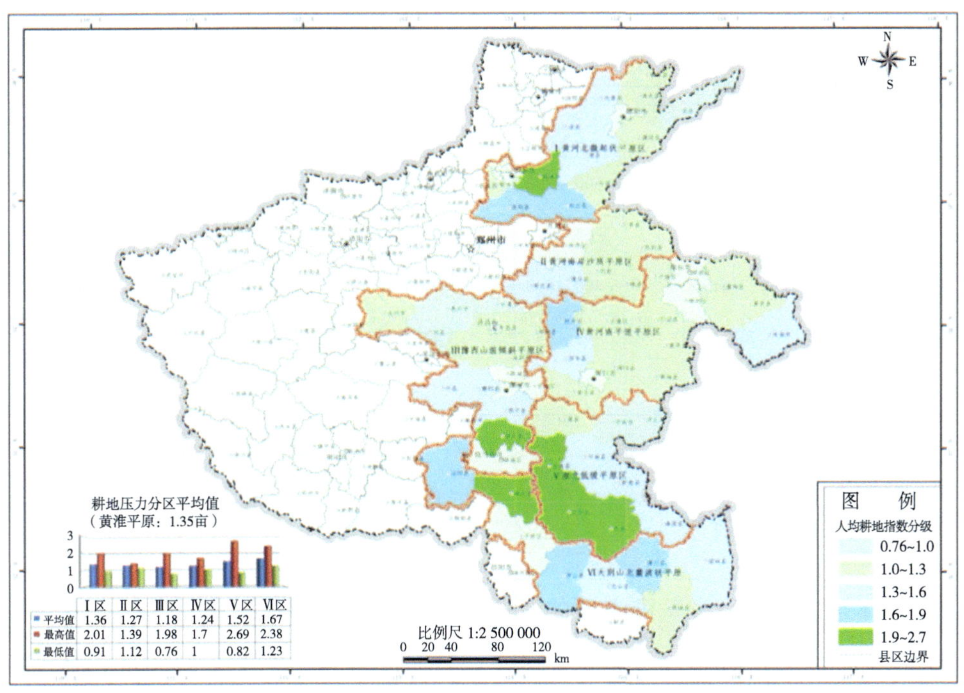

图6-12 河南省黄淮平原2015年人均耕地面积分布

6.4 资源分布综合评价

6.4.1 指标分等赋值

本次综合评价利用栅格空间叠加分析（Spatial Overlay Analysis），在统一的坐标系统下，对同一区域的两个或者多个不同主题的数据图层进行逻辑交、差、并运算，并对该区域内的属性进行分析评定，从而得到该区域的多重属性特征或建立对象之间的空间对应关系。为了消除指标不同量纲的不可比性和数值之间的差异，考虑定性指标和定量指标，同时体现指标在空间上的差异性，对指标进行分级赋值或归一化处理，分为极差、差、中、良、优5级，（表6-5）。

表6-5　地表自然资源综合评价指标分等赋值

指标	极差	差	中	良	优
	1	2	3	4	5
自然地块面积	<100	100 ~ 200	200 ~ 300	300 ~ 400	>400
自然地块聚集度	60 ~ 65	65 ~ 72	72 ~ 77	77 ~ 82	>82
耕地面积	<400	400 ~ 600	600 ~ 800	800 ~ 1 000	>1 000
耕地地块聚集度	88.14 ~ 91	91 ~ 93	93 ~ 95	95 ~ 97	>97
人均耕地面积	0.76 ~ 1	1 ~ 1.3	1.3 ~ 1.6	1.6 ~ 1.9	1.9 ~ 2.7

6.4.2 综合评价结果

总体来说，河南省黄淮平原的资源分布以洪汝河为界，北中南良。黄河冲积扇南北两翼资源分布等级相对来说较低，而淮河南北平原区资源分布相对来说较高。具体的分布如图6-13所示。

黄河北微起伏平原地表资源分布以中和良为主，差级别的资源分布占该区的较小，主要分布在新乡市、濮阳市和南乐县、范县4个县、市、区。两个市区主要以城镇建设为主，耕地及其自然地块的分布面积和聚集度都相当低，切割破碎，地表资源分布等级较差。南乐县和范县人均耕地面积小，农田占耕地比重在区域中最小。该区域人口、村落数量较多，耕作历史优长，在中部地区人均耕地面积较小，自然地块聚集度、基本农田占比处于一个中间状态，在该区域呈现出中间区域居中、边缘区域良差对比鲜明，交错分布。

黄河以南的相邻两个平原区位于黄河冲积扇南翼，耕作历史长，气候较为适宜，居住人口较多，地表环境、资源分布受到人为的干预强，两个平原区的资源分布中等级别的占比凸显。良级别的占比较小，其中黄河南岸沙质平原的最西端为良，黄河南平缓平原区的最东端为良。但在该平原区的中部商丘市周边和周口市区地表资源分布的综合评价等级最差。区域中，人口数量大，城镇化建设强度大，耕地和自然地块的集聚度低，出现了区域中的两个差级斑块。

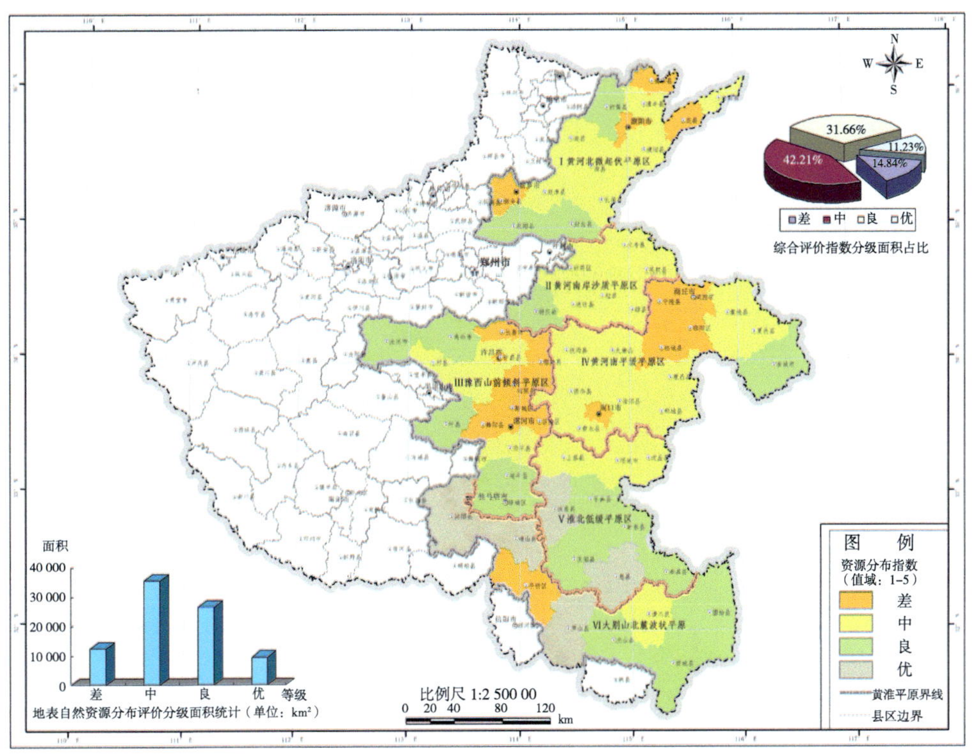

图6-13　河南省黄淮平原自然资源分布综合评价

豫西倾斜平原，从西到东，从丘陵岗地到平原，地表资源分布的综合等级从良到中再到差。其中该平原区的耕地面积西多东少，自然地块的聚集度值较高。许昌市区和漯河市区由于城镇建设的需求，耕地、自然地块破碎，相关指标较低。

以淮河干流为轴线，南北分布的淮北低缓平原区和大别山北麓波状平原区是河南省黄淮平原区地表资源分布最好的两块地貌区。淮北低缓平原区北部的资源分布等级为中，该区域人口较多，人均耕地指数小，自然地块集聚度也较低。该区除去北部，人均耕地指数高，耕地面积最大是该区资源分布上的突出优势。大别山北麓的波状平原区，全区以优、良等级的面积居多，但在局部还夹有差和中级别的区域。其中差级别的区域在该地貌区甚至是整个黄淮平原来说，自然地块集聚度低、耕地面积较少成为了该区域资源分布上的劣势。

7　典型农区地表自然资源利用统计与分析

河南省作为全国人口大省和农业生产大省，粮食产量常年占全国的1/10，除了满足自身生存发展用粮外，每年向外省提供商品粮达1 500余万吨以上。

河南省黄淮平原作为全国13个粮食主产区之一，在全国粮食生产中占有重要地位，在保障国家粮食安全中也肩负重要责任，形成了以优质小麦、水稻、大豆及专用玉米等为主体的优势农业产业带。

随着工业化、城镇化发展、人口增长、人民生活水平的不断提高，粮食需求刚需增长，而区内耕地资源量尤其是人均耕地面积缩减，加上水资源短缺，生态环境恶化等因素，粮食增产需求与人口、耕地、经济社会发展之间的矛盾日益突出。粮食生产以粗放式经营为主，存在土地生产率高但要素配置率低、农业基础设施建设薄弱、农业科技服务滞后、生态破坏严重等问题。

7.1　耕地压力指数

耕地压力指数用来反映最小人均耕地面积与实际人均耕地面积的比值关

系，该指数可以衡量某一地区耕地资源的紧张程度。为了研究黄淮平原区耕地压力态势，将黄淮平原分为6个区，即黄河北微起伏平原区、黄河南岸沙质平原区、豫西山前倾斜平原区、黄河南平缓平原区、淮北低缓平原区、大别山北麓波状平原区，结合这6个区2010年和2015年耕地面积、粮食产量、人口数量等数据计算各个区域的耕地压力指数，在此基础上分析这两个时期之间黄淮平原区耕地压力变化。

2010年和2015年黄淮平原耕地压力分区平均值分别为0.97和0.94，从整体上看，相比于2010年，2015年黄淮平原区耕地压力呈下降趋势，如图7-1所示。6个区当中除了黄河南岸沙质平原区耕地压力与2010年持平外，其余5个区耕地压力都有所下降。耕地压力指数下降与这一阶段研究区耕地面积保持动态平衡，粮食产量增加及粮食单产小幅增长有关。从整个黄淮平原耕地压力分布来看，耕地压力较大（大于1.3）的区域主要集中在大别山北麓波状平原区、豫西山前倾斜平原区西部、淮北低缓平原区西部，这些区域受地形坡度、粮食耕种面积少的影响，最小人均耕地面积指数普遍偏大，从而造成这些区域耕地压力指数偏高。耕地压力指数介于1.1～1.3的区域主要包括范县、禹州市、封丘县、潢川县、确山县。除此之外的其他区域耕地压力指数均在1.1以下，这些区域耕地压力相对较小，粮食生产和供应可以得到很好的满足。

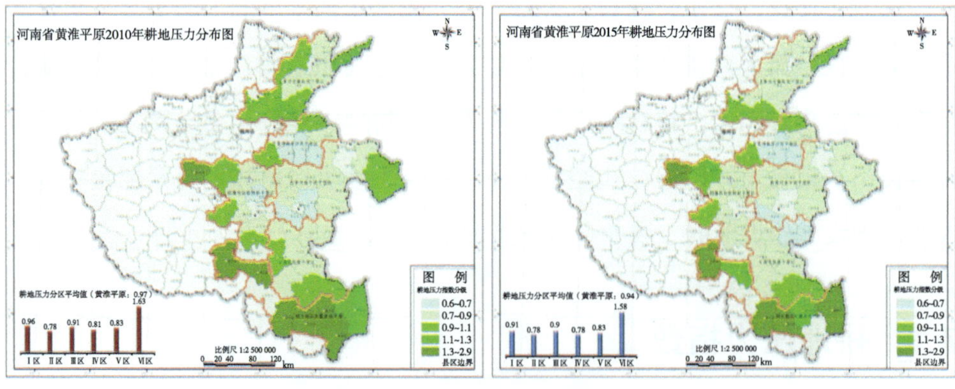

图7-1　河南省黄淮平原2010年、2015年耕地压力分布

从黄淮平原六大分区2010年与2015年耕地压力对比图来看，各个区域的耕地压力指数呈动态分布，如图7-2所示。其中，耕地压力最小的区域为黄河南岸沙质平原区，该区各县的耕地压力指数均小于1，几乎无耕地压力。主要原因在于该区域耕地面积比较多，实际人均耕地面积大，从而减少了该区域的耕地压力。耕地压力最大的区域为大别山北麓潜伏平原区，该区域各县的耕地压力指数均大于1，各县平均耕地压力指数达到1.58。该区域主要受地形坡度大的影响，使得适合粮食耕种的面积减少，造成该地区耕地压力指数偏大。除此之外，其他4个区耕地压力指数变化相对比较稳定，均在1左右徘徊。

7.2 相对承载力指标

资源承载力是一个国家或地区资源的数量和质量对该空间内人口的基本生存和发展的支撑能力。在可持续发展的自然—经济—社会复合生态系统中，人是社会子系统的主要组成因素和承载对象，选择研究区的耕地面积和国内生产总值（GDP）作为分析对象，分别代表自然资源和经济资源，评价自然、经济、人口发展在可持续协调发展条件下能够承载的人口数量。包括相对自然承载力、相对经济承载力和综合资源承载力3个方面。

通过分析2011—2015年河南省统计年鉴数据得出，2010—2015年全区各县市经济平均涨幅达到68.74%，而大部分的县区人口的增长趋于平缓，平均增幅达到2.17%。其中淮阳县、虞城县、泌阳县，人口分别减少了3.27%、1.76%和9.45%。截至2015年年底，黄淮平原粮食核心区内人口排名前3位的县主要有：固始县（175.1万人）、上蔡县（151.66万人）、永城市（141.32万人）；2010—2015年的GDP增长最快县区分别为长葛市（234.38亿元）、禹州市（180.93亿元）和许昌县（176.66万人）。

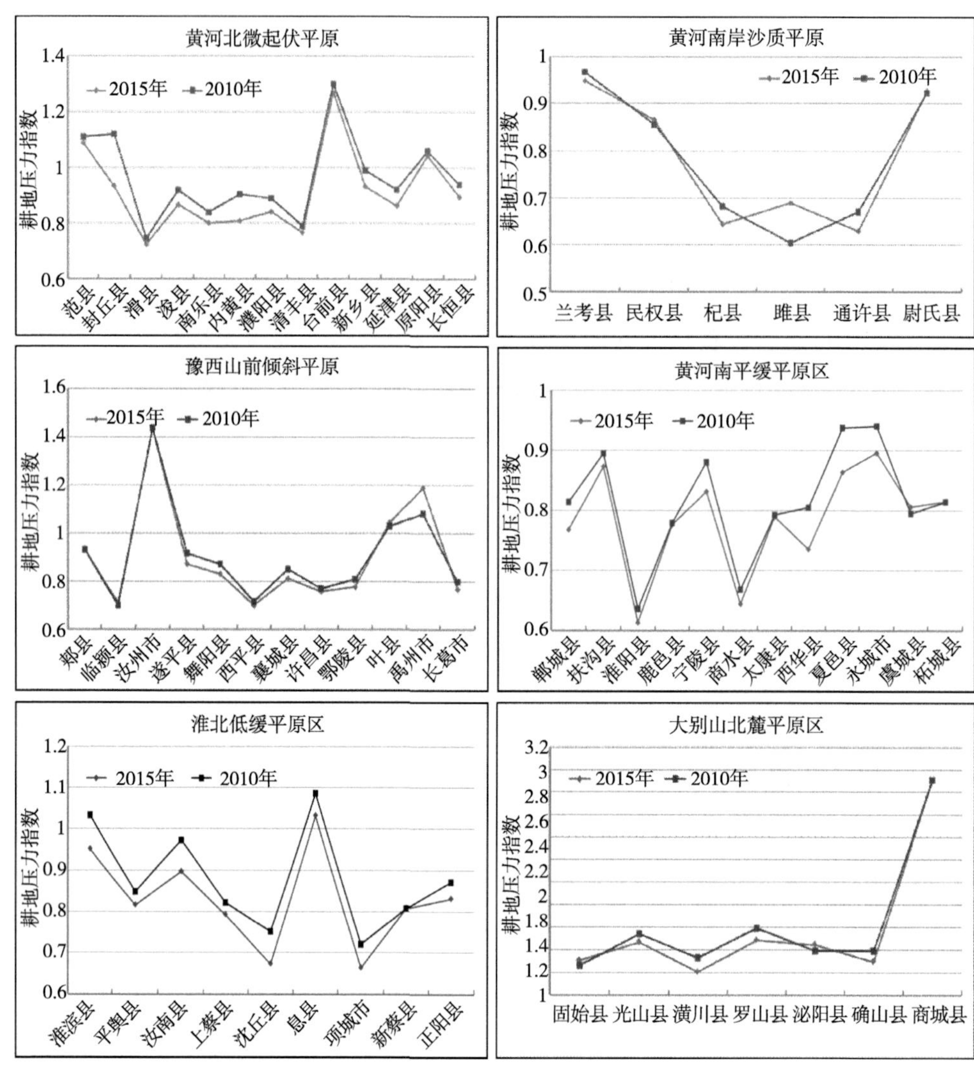

图7-2　河南省黄淮平原各分区耕地压力变化

以2015年地理国情调查基础数据为基础，以整个研究范围的平均资源承载力为参照，计算了6个分区域粮食主产区相对自然、经济资源承载力，如图7-3所示。

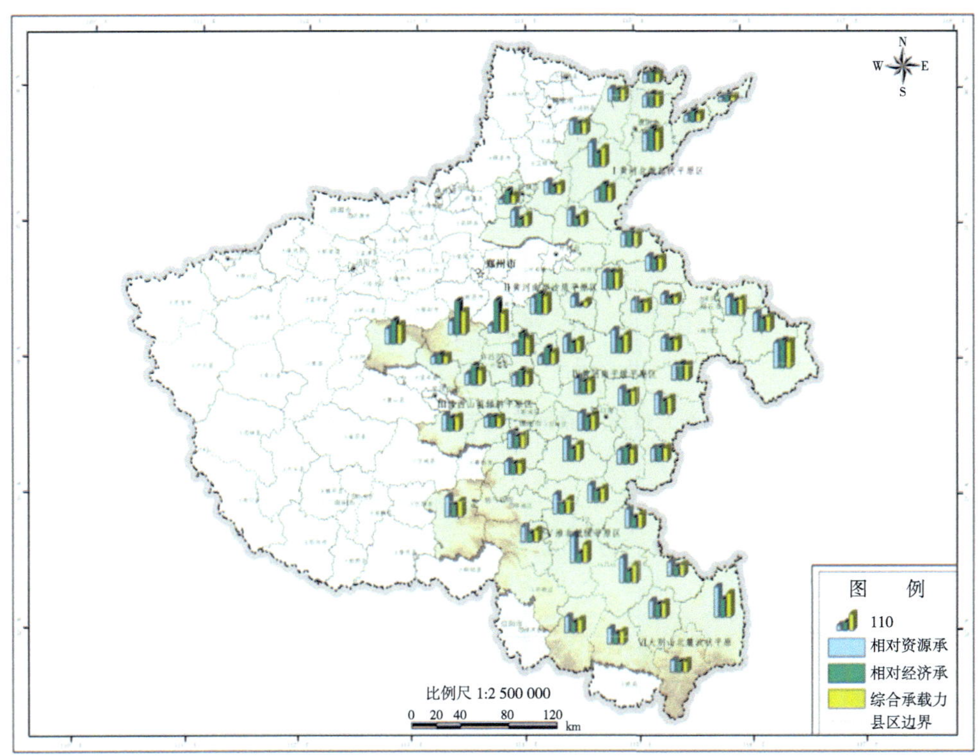

图7-3　河南省黄淮平原2015年相对承载力分布

7.2.1　淮北低缓平原区和黄河南平缓平原区

随着经济的快速发展，整个研究区相对经济发展较缓慢的地区主要位于淮北低缓平原区和黄河南平缓平原区，包括商水县、新蔡县、上蔡县、郸城县、淮阳县、平舆县。其中新蔡县、上蔡县、平舆县、淮阳县都属于重要的农业生产县，经济发展模式以农业为主。新蔡、上蔡、淮阳、平舆也是河南地区的国家级贫困县，经济发展比较落后。柘城县、郸城县属于交通比较滞后，自然资源超载，经济发展也相对落后的情况，经济超负荷较严重分别为57.8万人、46.43万人，如图7-4、图7-5所示。

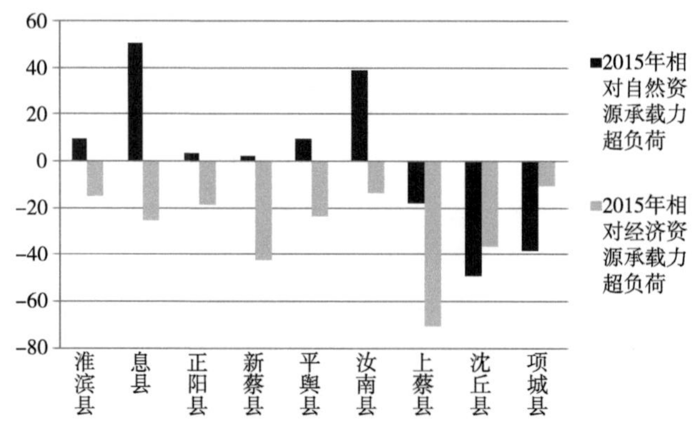

图7–4 2015淮北低缓平原区各县市自然、经济超载荷量（万人）

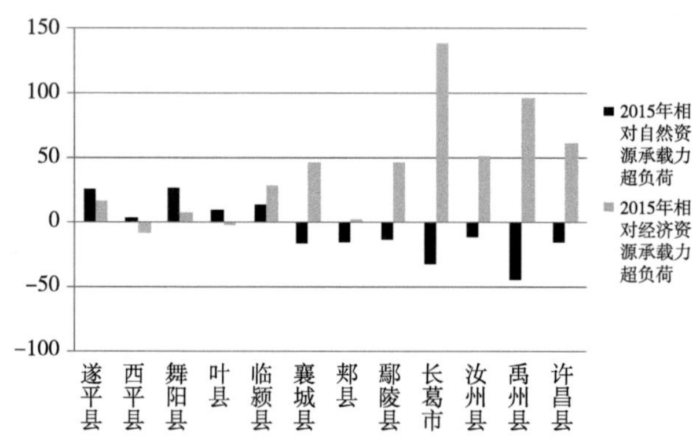

图7–5 2015黄河南沙质平原各县市自然、经济超载荷量（万人）

7.2.2 豫西山前倾斜平原区

豫西山前倾斜平原区属于近5年经济增长相对较快、经济资源承载力富余但自然资源超负荷的模式，其中长葛市、禹州市由于近年来快速发展，经济承载力富余分别达到了139.08万人和96.34万人，而自然资源承载力超负荷，分别为32.81万人和44.73万人。相比之下，经济增长同样快速的许昌县、鄢陵县、汝州市，造成的自然资源超负荷程度就属于正常范围，表明鄢陵县、汝州市等的产业发展模式相对优化，经济发展和自然资源消耗相对和谐，属于可持续发展，如图7–6所示。

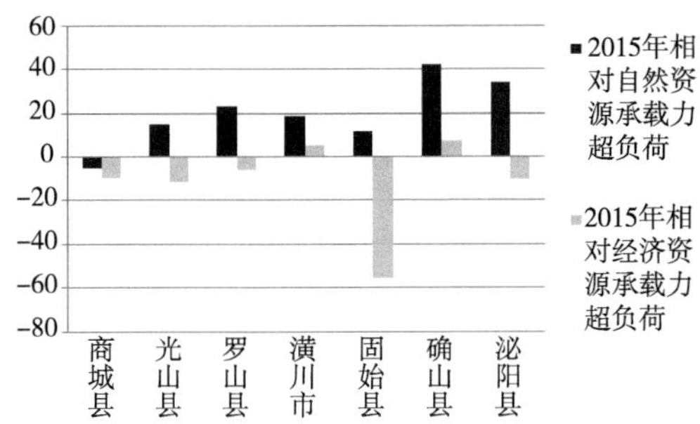

图7-6　2015年豫西山前倾斜平原区各县市自然、经济超载荷量（万人）

7.2.3　大别山北麓波状平原区

大别山北麓波状平原区在6个区中属于经济发展与人口、自然资源矛盾较缓和的地区。商城县、光山县、潢川县、泌阳县经济发展较快，对自然资源造成的压力也处于正常范围内。其中，商城县、光山县、罗山县是国家重点生态功能区，自然资源和人口载荷相对平衡，而固始县经济发展迅速，但人口基数大，人口增长幅度大，人均经济条件滞后，经济承载力超载荷达到55.52万人，自然资源处于富余状态，空余11.89万人。潢川县、确山县经济承载力和自然资源承载力都处于富余状态，潢川县自然资源丰富，近5年内经济涨幅达到86.6亿元，是信阳地区唯一的省级经济开发区。确山县是国家级贫困县，近年来自然资源和经济承载力都处于富余状态，自然资源开发程度较小，人口经济载荷也处于缓和状态，如图7-7所示。

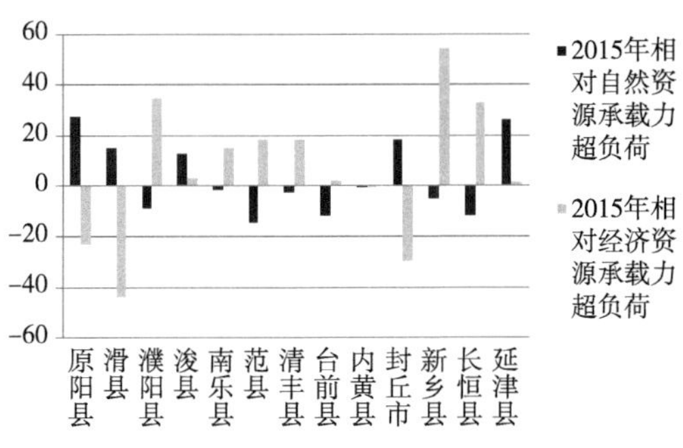

图7-7　2015大别山北麓波状平原区各县市自然、经济超载荷量（万人）

7.2.4 黄河北微起伏平原区和黄河南沙质平原区

黄河北微起伏平原区主要包括新乡和濮阳地区的农业县，相比黄河南沙质平原区经济发展较滞后，原阳县、滑县和封丘县的经济负荷超载量分别为22.94万人、44.07万人和30.07万人。其中原阳、滑县、封丘县属于河南省的农业重点县，有“渝北粮仓”之称。新乡县和长垣县属于经济快速发展，人地关系也比较和谐的地区。其中长垣县以起重机械、卫生材料为主导产业，近5年GDP增长达到129.68亿元，也是国家级卫生县城、园林县城，经济发展对自然资源的损耗比较小。延津县和浚县也是国家级粮食主产区，以发展农业为主，自然资源和经济载荷都处于富余状态，人口对自然、经济的压力相对较小。濮阳县、南乐县、范县、清丰县、内黄县都存在自然资源超载、经济资源富余的情况，如图7-8所示。

黄河南沙质平原区主要包括开封地区和商丘的睢县、民权县，属于经济载荷富余、人地矛盾也相对缓和的区域。其中通许县、尉氏县都有比较有特色的主导产业，人口相对自然的压力也比较小。相比之下，睢县的经济发展比较落后，经济超载量为24.18万人。

黄淮平原粮食主产区各县市2015年总人口及5年GDP增长值如图7-9所示。黄淮平原粮食主产区各县市自然、经济资源承载力超负荷类型分类如表7-1所示。

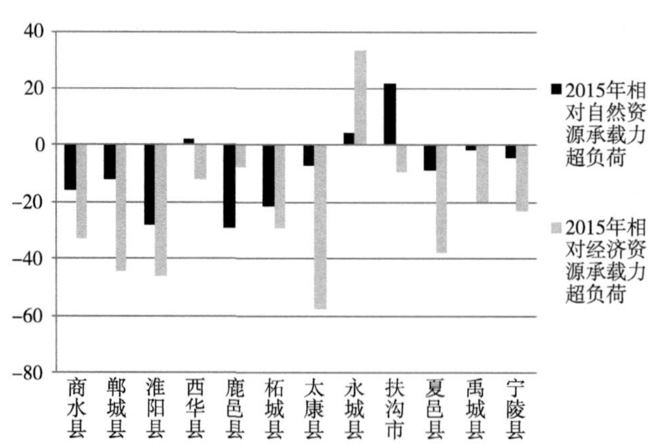

图7-8　2015黄河北微起伏平原各县市自然、经济超载荷量（万人）

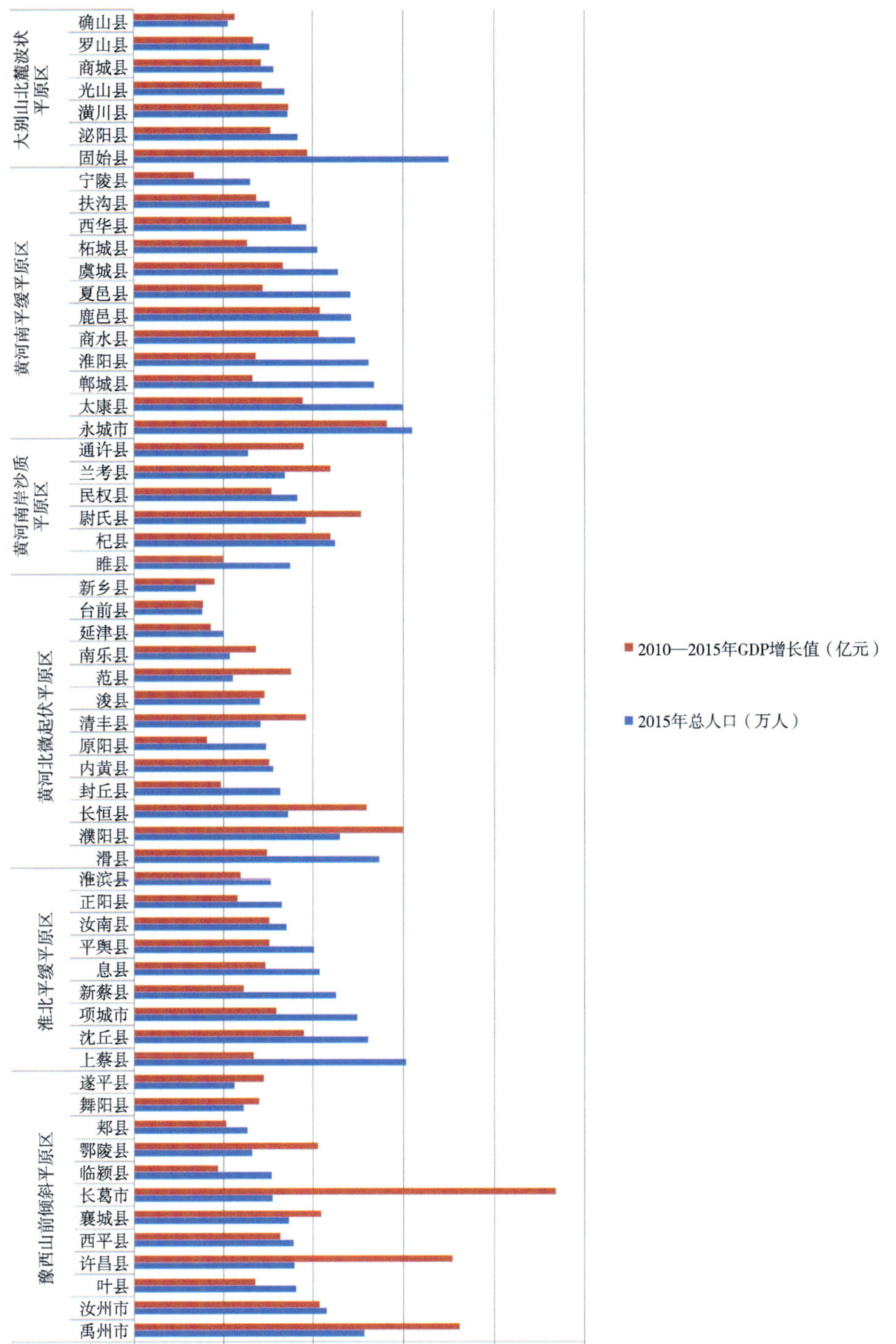

图7-9　河南省黄淮平原各县市2015年总人口（万人）及5年GDP增长值（亿元）

表7-1　河南省黄淮平原各县市自然、经济资源承载力超负荷类型分类

分区	自然资源超负荷	自然资源严重超负荷（>20万人）	经济资源超负荷	经济资源严重超负荷（>20万人）	经济发展滞后且自然资源超载	经济发展较快但自然资源超负荷
豫西山前倾斜平原区	襄城县、郏县、鄢陵县、长葛市、汝州市、禹州市、许昌县	长葛市、禹州市	西平县、叶县			襄城县、鄢陵县、长葛市、汝州市、禹州市、许昌县
黄河南岸沙质平原区	睢县、杞县、民权县、兰考县、		睢县、民权县	睢县	睢县、民权县、	
黄河北微起伏平原区	濮阳县、南乐县、范县、清丰县、台前县、内黄县、新乡县、长垣县		内黄县、封丘县	原阳县、滑县、封丘县	内黄县	濮阳县
黄河南平缓平原区	商水县、郸城县、淮阳县、鹿邑县、柘城县、太康县、虞城县、宁陵县、	淮阳县、鹿邑县、柘城县	商水县、郸城县、淮阳县、西华县、鹿邑县、柘城县、太康县、扶沟县、夏邑县、虞城县、宁陵县	商水县、郸城县、淮阳县、柘城县、太康县、夏邑县、宁陵县	商水县、郸城县、淮阳县、鹿邑县、柘城县、太康县、虞城县、宁陵县	
淮北低缓平原区	上蔡县、沈丘县、项城市	沈丘县、项城市	淮滨县、息县、正阳县、新蔡县、平舆县、汝南县、上蔡县、沈丘县、项城市	息县、新蔡县、平舆县、上蔡县、沈丘县	上蔡县、沈丘县、项城市	
大别山北麓波状平原区	商城县		商城县、光山县、罗山县、固始县	固始县	商城县	

7.3 地表自然资源利用综合评价

7.3.1 指标分等赋值

本次综合评价利用栅格空间叠加分析（Spatial Overlay Analysis），在统一的坐标系统下，对同一区域的两个或者多个不同主题的数据图层进行逻辑交、差、并运算，并对该区域内的属性进行分析评定，从而得到该区域的多重属性特征或建立对象之间的空间对应关系。为了消除指标不同量纲的不可比性和数值之间的差异，考虑定性指标和定量指标，同时体现指标在空间上的差异性，对指标进行分级赋值或归一化处理，分为极差、差、中、良、优5级（表7-2）。

表7-2 地表自然资源综合评价指标分等赋值

指标	极差	差	中	良	优
	1	2	3	4	5
耕地压力	1.3 ~ 2.9	1.1 ~ 1.3	0.9 ~ 1.1	0.7 ~ 0.9	0.6 ~ 0.7
相对承载力	<60	60 ~ 90	90 ~ 120	120 ~ 150	>150
超富载指数	−39 ~ −30	−30 ~ −10	−10 ~ 10	10 ~ 30	>30

7.3.2 资源利用综合评价

黄淮地表资源利用的综合评价主要评述区域人和自然、经济之间的协调关系。河南省黄淮平原的地表资源利用的综合评价是区域内相对的优劣差异。地表资源利用受人类活动影响程度较大，地表自然资源利用低等级区域与人类活动热点区域高度吻合。该区域总的来说以中和良等级为主，良等级总面积为43 569.06km^2，占区域面积的51.99%，集中连片分布、差和优等级别的区域占比较小，如图7-10、图7-11所示。

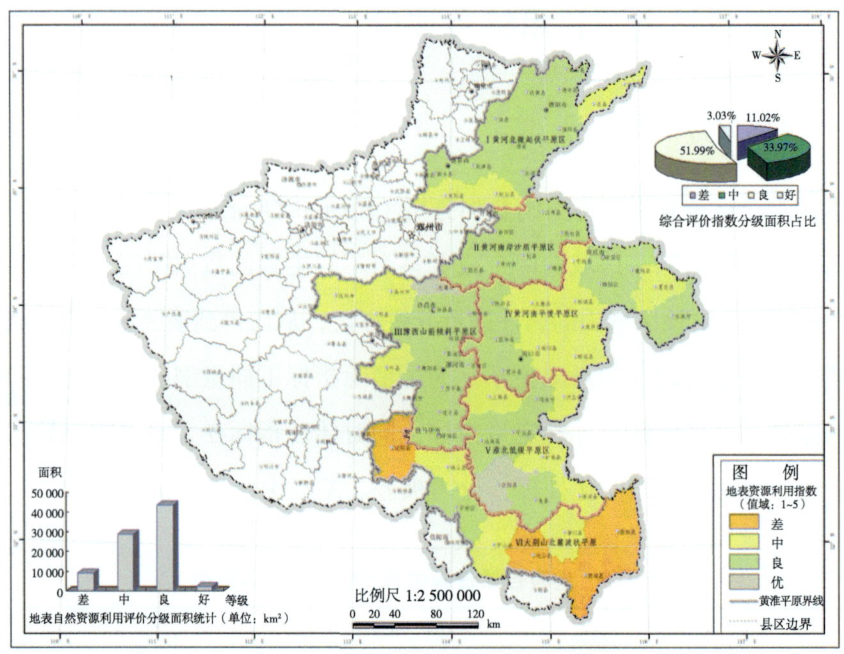

图7-10 河南省黄淮平原地表自然资源利用综合评价

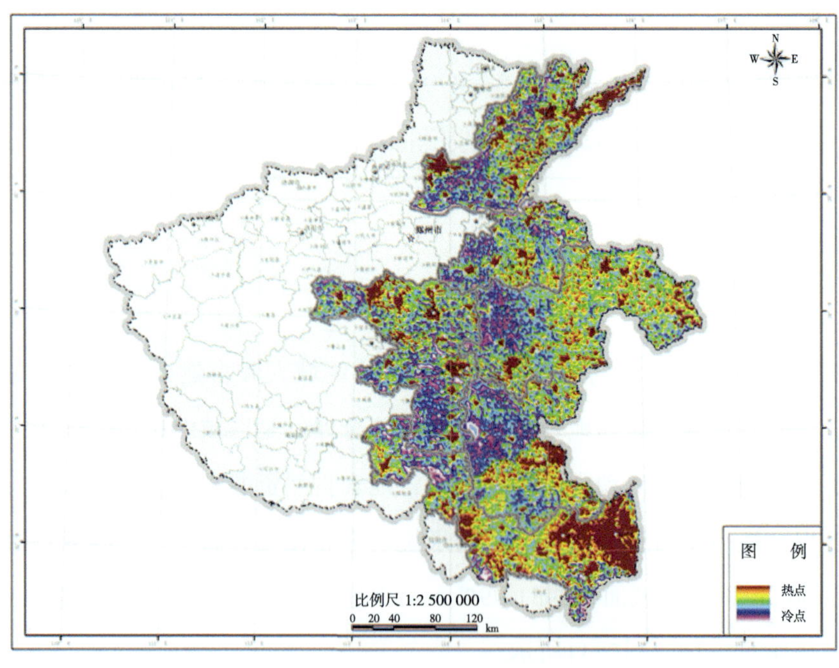

图7-11 河南省黄淮平原人类活动热点区域分布

黄河北微起伏平原区的地表资源利用以良为主，区域东北范县、台前和南部的封丘、原阳为中的资源利用等级。此两块区域耕地压力均较高，并且封丘的经济资源超载负荷较大，问题突出。

黄河南岸沙质平原地表资源利用全为良等级，区域整体人均耕地压力小，自然资源与经济资源的超负载情况较少或值接近于零，人与经济、自然资源的协调程度在全区较为良好，没有十分突出的问题。

黄河南平缓平原区地表资源的利用等级良和中等级别的基本各占一半。区域中间区域与夏邑县的耕地压力指数较大，相对超负载值较高。商水县、郸城县、淮阳县、鹿邑县、柘城县、太康县、虞城县、宁陵县等县不但经济相对滞后，而且自然资源超载。其中，淮阳县资源与经济超负载的值均偏高，问题突出，人均经济和资源量偏低，影响区域的整体发展。

豫西倾斜平原区的地表资源利用出现西部差、中东部良、北部最优的状况。西部耕地压力值最大，其中禹州和汝州经济相对滞后且自然资源超载，尤以禹州的自然资源超载严重。北部的长葛市资源的相对超负载值最大，资源的利用，人口的容纳，经济的发展还有较大的空间，是黄淮平原中资源利用优等级别。

淮北低缓平原区地表自然资源利用的综合评价等级优良占比较大，中级别的占比面积略小。资源利用中级别的地区整体耕地压力较大。但区域中正阳县最优，耕地压力较小，资源的相对超负载值最大。其资源利用、区域经济与人口发展较为协调，区域在资源利用、经济发展中潜力较好。上蔡县、沈丘县也出现经济发展滞后、自然资源超载的问题，并且沈丘县两个问题的负载量都超过了20万人，而且耕地压力指数较大，是该区域资源利用和经济发展问题较为突出的一个县。

大别山北麓波状平原区，地表自然资源利用的综合评价等级变化较为复杂，差、中、良交叉分布，以差和中级别占比较大，是黄淮平原中差级别的集中区和全部囊括区，其分布区域位于该地貌单元的最西边的泌阳县和最东边的固始县、光山县以及商城县。商城县经济滞后且自然资源超载，固始县资源的相对超负载值数值最低，尤其以经济的超负载值最低显著，并且耕地压力指数也非常大，是黄淮平原在人、资源和经济发展战略中需要特别关注的区域。此外，泌阳县耕地压力指数也很大。

8　耕地资源专题评价

8.1　坡耕地空间分布特征

坡耕地是指分布在山坡上地面平整度差作、物产量低的旱田，一般是指6°～25°的地貌类型，开垦后多为坡耕地。坡耕地是我国重要的后备资源，是发展经济作物及果、林、草的重要基地，同时也是水土流失的主要策源地。从黄淮平原粮食主产区整体来看，豫西山前倾斜平原和大别山波状起伏平原的坡度变化大，>25°的坡度占比面积较多。从农业的适宜性出发，其中0°～6°为最适宜耕作的基本农田和农业机械化适宜区，2°～6°在黄土分布区域可发生轻度土壤侵蚀，需要注意水土保持。15°是基本农田分布和农业机械作业区的坡度上限，6°～15°可发生中度水土流失，需加强水土保持；25°为土地垦殖区的上限，15°～25°是水土流失严重区域，需采取综合措施防治水土流失；25°～35°主要为宜林用地；35°以上坡地需要护坡植林，封山育林。

表8-1　不同等级坡耕地与水土保持关系

坡度	≤2°	2°～6°	6°～15°	15°～25°	>25°
水土流失	基本没有	轻度土壤侵蚀	中度水土流失	严重水土流失	不准开垦
采取措施	无	注意水土保持	修筑梯田、等高种植	采取工程、生物等措施防治	退耕还林还草

基于2015年的地理国情调查基础统计数据，坡度在6°～15°的坡耕地面积占该区耕地总面积的1.69%。坡度在15°～25°的坡耕地面积占该区耕地总面积的0.27%。坡度大于25°的坡耕地面积占该区区耕地总面积的0.03%，如图8-1所示。

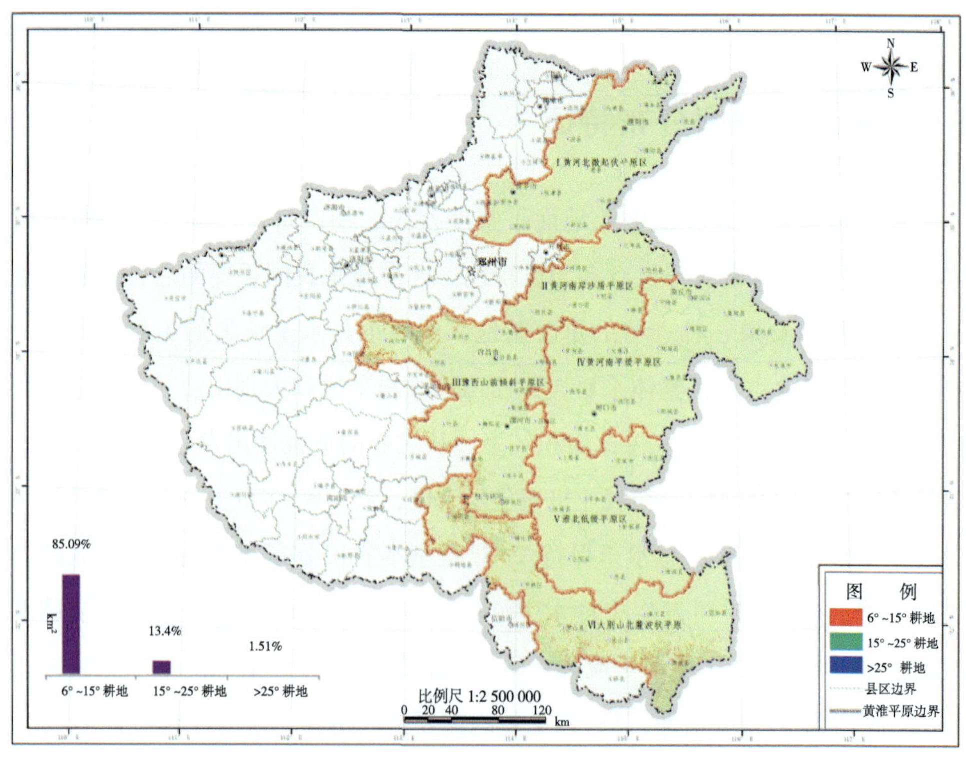

图8-1　河南省黄淮平原粮食主产区坡耕地空间分布

坡度在6°～15°的坡耕地，大多分布在大别山北麓和西部低山丘陵区，分别占67%和32%。从水土保持角度看，已经属于土地的超强度利用，控制水土流失比较困难，平整土地和修筑梯田所需资金、劳力较多，开发利用具有一定的难度，且不利于农业机械化。这类坡度相对平缓的坡耕地占坡耕地总面积的85%，如图8-2所示。

15°～25°的坡耕地占耕地总面积较小，这部分土地大多零星分布在大别山北麓和豫西山前倾斜平原，占比分别为53%和47%。地块比较破碎零散，且土层浅薄、土壤肥力底下，种植效益极低，却是山区内不可多得的耕地资源。

坡度在25°以上的坡耕地，主要分布于豫西山前倾斜平原区和大别山北麓波状平原区，分别占62%和45%。主要是山区农民在较陡的荒山荒坡上开垦的小块耕地，田块面积一般很小，分布零碎，尽管只占耕地总面积比重0.03%，但却造成了严重的水土流失。

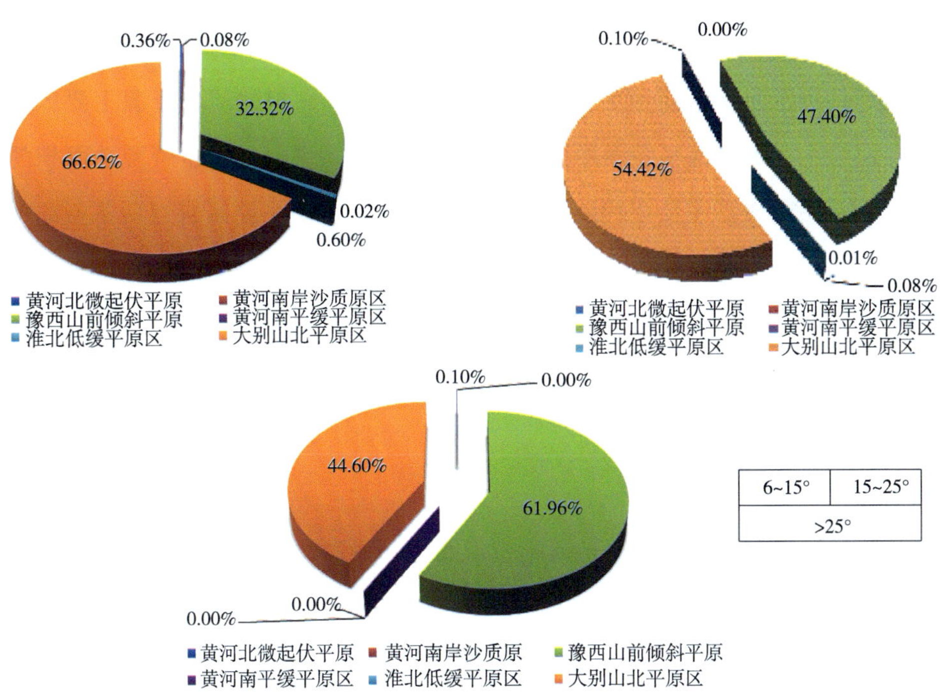

图8-2　黄淮平原粮食主产区各分区不同坡度耕地占比

8.2 耕地后备资源占有量及空间分布

8.2.1 耕地后备资源的区域分布不均衡

从河南省分布看，黄淮平原粮食主产区耕地后备资源占全省耕地后备资源总面积的26.9%。其中，可开垦土地面积占86.61%，可复垦土地面积占13.39%，这反映出，经过多年持续开发利用，该地区后备资源稀缺。从黄淮平原粮食主产区分布来看，耕地后备资源主要集中在豫西山前倾斜平原、大别山北麓平原区，两个区域占黄淮平原总耕地后备资源总量的64.3%，集中连片耕地后备资源集也主要集中在这两个区域。黄河北微起伏平原区耕地后备资源总面积为413.87km^2，占黄淮耕地后备资源总面积的13.7%。耕地后备资源主要以沙地和内陆滩涂地为主。黄河南岸沙质平原区耕地后备资源占黄淮耕地后备资源总面积的4.8%，耕地后备资源主要以内陆滩涂地为主；豫西山前倾斜平原区耕地后备资源占黄淮耕地后备资源总面积的57.2%，耕地后备资源主要以草地和裸地为主；黄河南平缓平原区耕地后备资源占黄淮耕地后备资源总面积的6.5%，耕地后备资源主要以内陆滩涂地为主；淮北低缓平原区耕地后备资源占黄淮耕地后备资源总面积的6.7%，耕地后备资源主要以内陆滩涂地为主；大别山北麓平原区耕地后备资源占黄淮耕地后备资源总面积的70.2%，耕地后备资源主要以草地、内陆滩涂地及采矿用地为主。

8.2.2 耕地后备资源大多数呈零散破碎

从统计结图斑分级看，耕地后备资源总面积中斑块面积小于300亩（15亩=1公顷。下同）占70.05%，小于100亩的图斑面积占到43.14%，如图8-3所示。这说明，经过多年重大开发项目实施，现余留下来的耕地后备资源以破碎、零散为主，其开发利用成本较高，大规模开发利用方式已不能适用这部分后备资源，应以综合整治为主要途径。

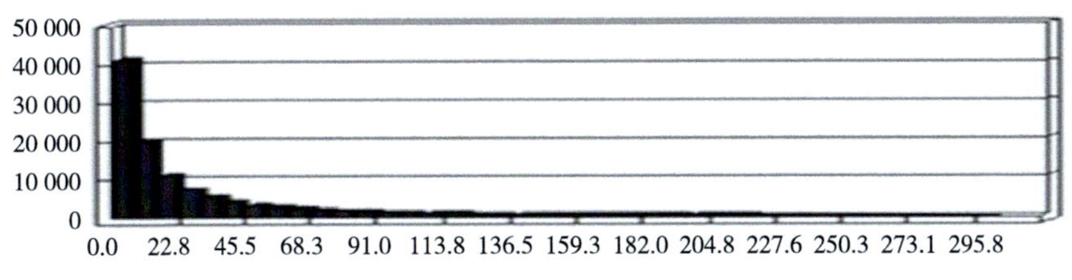

图8-3 耕地后备资源斑块面积小于300亩分布频度

8.2.3 耕地后备资源利用受生态环境制约大

从统计结果看，黄淮平原耕地后备资源主要以草地（45.14%）、内陆滩涂地（24.83%）、采矿用地（13.39%）和裸地（9.9%）为主，占黄淮平原耕地后备资源总量的93.3%。其中，荒草地、盐碱地和裸地的开发，因区域不同对水土条件的要求有别。从分布区域看，集中连片的后备资源也主要分布于豫西和大别山北麓山区，本身生态环境比较脆弱，在开发利用过程中，稍有不当极易引起水土流失等严重后果，如图8-4所示。

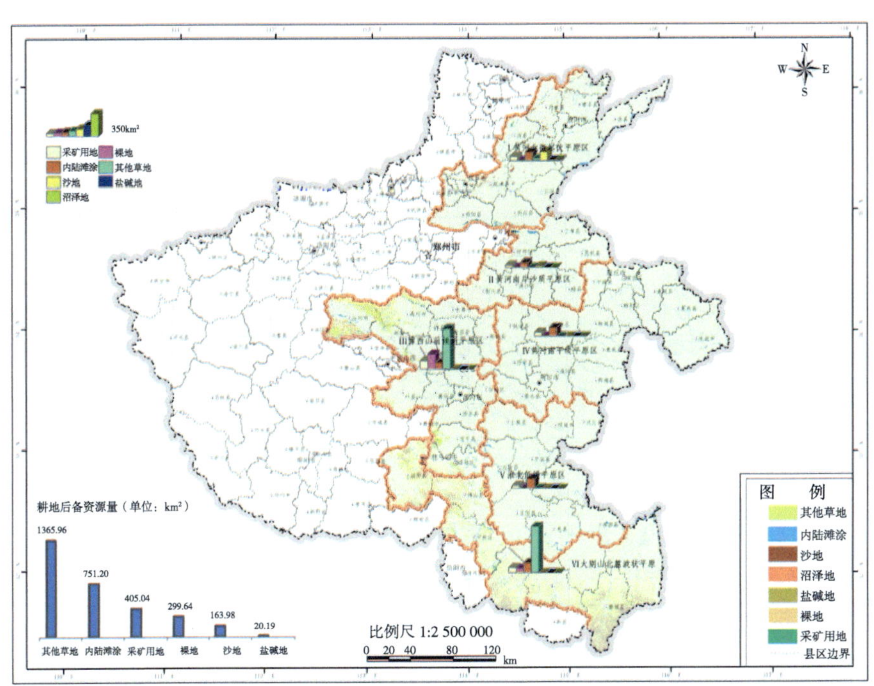

图8-4 河南省黄淮平原粮食主产区耕地后备资源分布

8.3 滞洪区与耕地空间分布关系

蓄滞洪区主要指河堤外洪水临时贮存的低洼地区及湖泊等，河南省共有蓄滞洪区13个，总面积为3 981.98km^2，有12个被列入《国家蓄滞洪区名录》，其中黄淮粮食主产区内占了9个，分别为海河流域4个，即良相坡、长虹渠、小滩坡、广润坡；淮河流域3个，即老王坡、泥河洼、蛟亭湖；黄河流域1个，即北金堤。未列入国家蓄滞洪区名录的有淮河流域的杨庄滞洪区。其中淮河流域的杨庄滞洪区、泥河洼蓄洪区、老王坡滞洪区运行频率较高，截至2003年，泥河洼蓄洪区累计分洪43次，老王坡滞洪区累计分洪43，次杨庄滞洪区2000运用2次。河南省黄淮平原粮食生产区蓄滞洪区空间分布，如表8-2、图8-5所示。

表8-2　各滞洪区分布情况

滞洪区	涉及县区	国家级贫困县	省定扶贫开发重点县	粮食重点县
北金堤滞洪区	滑县、台前县、濮阳县、范县、长垣县	滑县、范县、台前县	内黄县、濮阳县	滑县、长垣县、濮阳县、范县
小滩坡滞洪区	浚县、内黄县、汤阴县		内黄县	浚县
广润坡滞洪区	浚县、卫辉市、淇县			浚县
长虹渠滞洪区	浚县、滑县、卫辉市			浚县、滑县
良相坡滞洪区	浚县、淇县			浚县
泥河洼蓄洪区	舞阳县		舞阳县	舞阳县
杨庄滞洪区	西平县			西平县
老王坡滞洪区	西平县			西平县
蛟停湖滞洪区	正阳县、新蔡县、平舆县	新蔡县、平舆县		正阳县、新蔡县、平舆县

黄淮粮食主产区范围内的蓄滞洪区总面积达3 981.98km^2，其中蓄滞洪区内

以耕地面积为主，耕地总面积达2 832.54km²，占蓄滞洪区总面积的70.41%，房屋建筑面积为399.33km²，占滞洪区总面积的10.87%。其中北金堤滞洪区面积最大，占河南省黄淮平原蓄滞洪区总面积的80.22%。区内包括滑县东半部、长垣县、濮阳县、范县粮食重点县，耕地面积达到1 998.54km²，占到该区67.84%，占4县总耕地面积3 269.83km²的61.12%。房屋建筑面积345.65km²，占到该区总面积的11.73%（表8-3）。

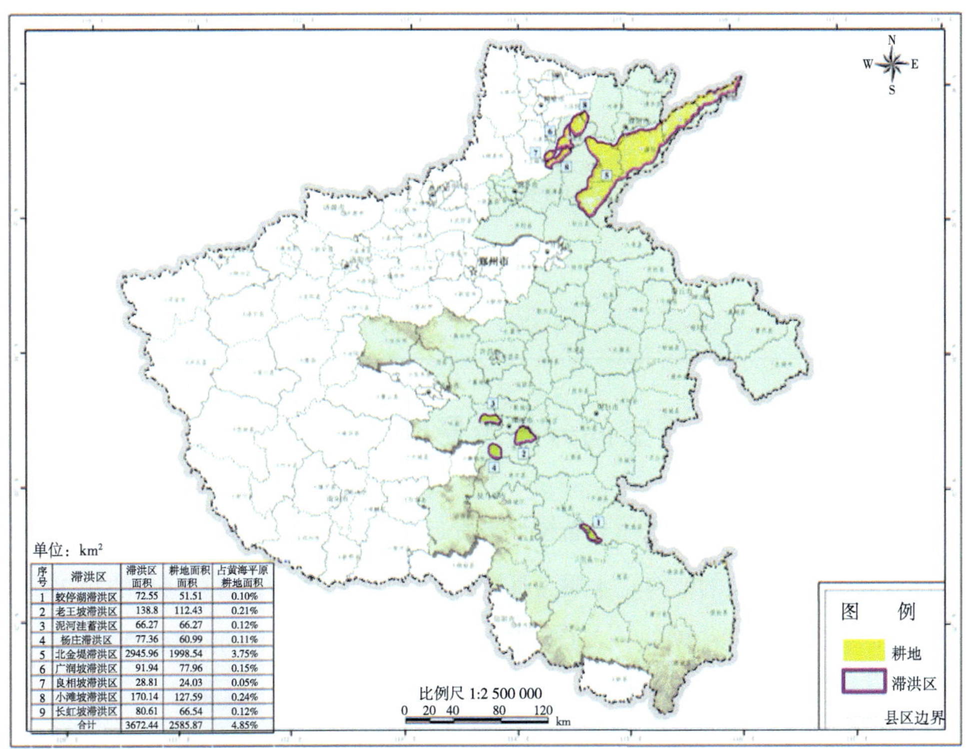

图8-5 河南省黄淮平原粮食主产区蓄滞洪区空间分布

表8-3 河南省黄淮平原粮食主产区蓄滞洪区耕地面积

滞洪区	滞洪区面积（km²）	耕地面积（km²）	占滞洪区面积比重（%）	房屋建筑面积（km²）	占滞洪区面积比重（%）
蛟停湖滞洪区	72.55	51.51	71.00	4.66	6.42

（续表）

滞洪区	滞洪区面积（km^2）	耕地面积（km^2）	占滞洪区面积比重（%）	房屋建筑面积（km^2）	占滞洪区面积比重（%）
老王坡滞洪区	138.80	112.43	81.00	8.71	6.28
泥河洼蓄洪区	66.27	66.21	99.9	0.6	0.91
杨庄滞洪区	77.36	60.99	78.84	5.32	6.88
北金堤滞洪区	2 945.96	1 998.54	67.84	345.65	11.73
广润坡滞洪区	91.94	77.96	84.80	5.86	6.37
良相坡滞洪区	28.81	24.03	83.42	2.66	9.23
小滩坡滞洪区	170.14	127.59	74.99	19.70	11.58
长虹渠滞洪区	80.61	66.54	82.55	6.17	7.65
合计	3 672.44	2 585.87	70.41	399.33	10.87

8.4 主要河流水质空间分布及影响

从整个黄淮平原河流水质分布统计来看（表8–4、图8–6），水质为Ⅱ类的河长349.85km，占总河长的9.3%；水质为Ⅲ类的河长1 140.03km，占总河长的30.2%；水质为Ⅳ类的河长486.77km，占总河长的12.9%；水质为Ⅴ类的河长272.71km，占总河长的7.2%；水质为劣Ⅴ类的河长1 527.46km，占总河长的40.4%。

表8–4　黄淮平原主要河流水质状况

单位：km

	Ⅱ类	Ⅲ类	Ⅳ类	Ⅴ类	劣Ⅴ类	合计
黄河北微起伏平原	85.24	322.5	38.12	0	47.07	492.93
黄河南岸沙质平原	0	0	0	0	380.65	380.65

（续表）

	Ⅱ类	Ⅲ类	Ⅳ类	Ⅴ类	劣Ⅴ类	合计
豫西山前倾斜平原	20.17	159.85	210.22	112.8	396.37	899.41
黄河南平缓平原区	0	0	35.85	33.99	314.42	384.26
淮北低缓平原区	173.89	297.32	141.6	37.6	205.07	855.48
大别山北麓平原区	70.55	360.36	60.98	88.32	183.88	764.09
合计	349.85	1 140.03	486.77	272.71	1 527.46	3 776.82

（1）黄河北微起伏平原区。该区域总河长492.93km，其中水质为Ⅱ类至Ⅲ类的河长为407.74km，占其流域评价总河长的82.7%；水质为Ⅳ类的河长38.12km，占其流域评价总河长的7.7%；水质为劣Ⅴ类的河长47.07km，占其流域评价总河长的9.5%。

（2）黄河南岸沙质平原区。该区域总河长380.65km，其中水质全部为劣Ⅴ类，占其流域评价总河长的100%，河流水质污染非常严重。

（3）豫西山前倾斜平原区。该区域总河长899.41km，其中水质为Ⅱ类至Ⅲ类的河长为180.02km，占其流域评价总河长的20%；水质为Ⅳ类的河长210.22km，占其流域评价总河长的23.4%；水质为Ⅴ类的河长112.8km，占其流域评价总河长的12.5%；水质为劣Ⅴ类的河长396.37km，占其流域评价总河长的44.1%。

（4）黄河南平缓平原区。该区域总河长384.26km，其中没有水质达到或优于Ⅲ类的河流，水质为Ⅳ类的河长35.85km，占其流域评价总河长的9.3%；水质为Ⅴ类的河长33.99km，占其流域评价总河长的8.9%；水质为劣Ⅴ类的河长314.42km，占其流域评价总河长的81.8%。

（5）淮北低缓平原区。该区域总河长855.48km，其中水质为Ⅱ类至Ⅲ类的河长为471.21km，占其流域评价总河长的55.1%；水质为Ⅳ类的河长141.6km，占其流域评价总河长的16.6%；水质为Ⅴ类的河长37.6km，占其流域评价总河长的4.4%；水质为劣Ⅴ类的河长205.07km，占其流域评价总河长的23.9%。

（6）大别山北麓平原区。该区域总河长764.09km，其中水质为Ⅱ类至Ⅲ类的河长为430.91km，占其流域评价总河长的56.4%；水质为Ⅳ类的河长60.98km，占其流域评价总河长的7.9%；水质为Ⅴ类的河长88.32km，占其流域评价总河长的11.6%；水质为劣Ⅴ类的河长183.88km，占其流域评价总河长的24.1%。

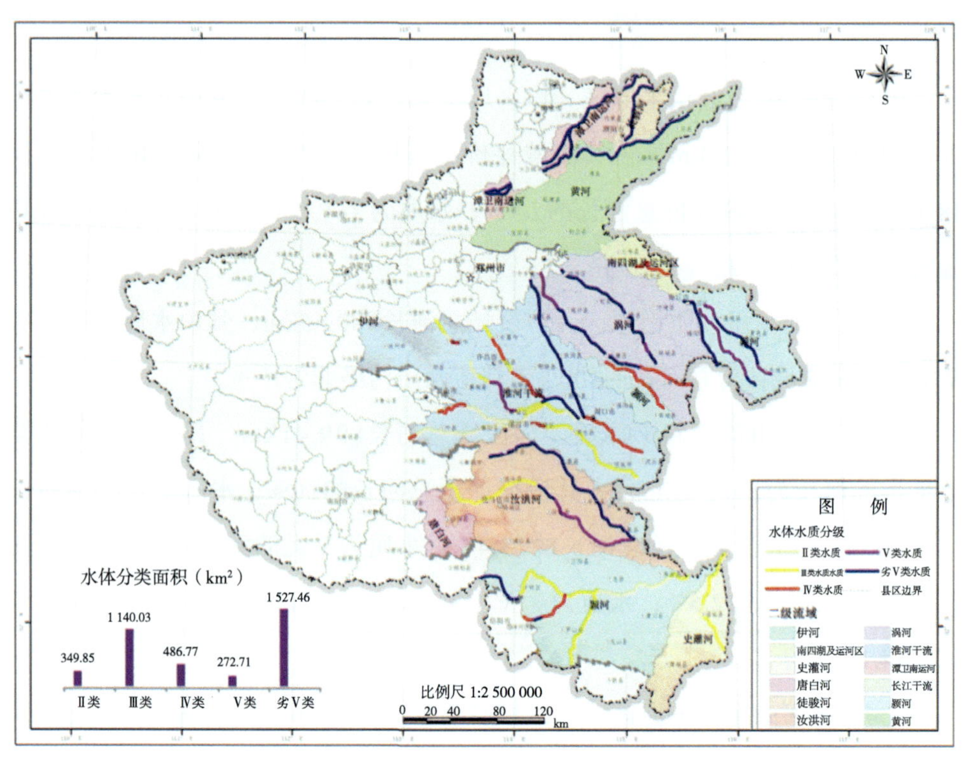

图8-6　河南省黄淮平原主要河流水质分布

按照国家标准，5类水体已经可以用于农业用水及一般景观用水，主要河流的劣5类水质对人类生活及农业造成一定影响。此专题利用2015年水资源公报数据，提取劣5类水体，并对劣5类水体做缓冲区分析，选取1 000m的缓冲区，与地理国情数据进行叠加分析，综合统计1 000m缓冲区范围内的耕地和居住地。黄淮平原2015年劣5类水体1 000m缓冲区范围内有耕地1 344.92km^2，房屋建筑239.72km^2（表8-5）。

表8-5 劣五类水体1 000m缓冲区范围内的耕地和居住地

单位：km^2

	黄河北微起伏平原区	黄河南岸沙质平原区	豫西山前倾斜平原区	黄河南平缓平原区	淮北低缓平原区	大别山北麓波状平原区	合计
耕地	452.51	216.54	55.86	385.81	185.07	49.12	1 344.92
房屋建筑	94.46	33.36	13.51	73.37	20.65	4.37	239.72

9 典型农区地表自然资源综合评价

9.1 总体评价

地表自然资源的综合评价系统是一个反映地域资源组合的多级质量等级系统。该评价系统从地表自然资源的禀赋、分布和利用3个方面内容来反映。通过层次分析—变权—栅格空间叠加运算，既能体现每个指标的贡献度，也能体现每个指标在空间的分异性。评分的标准如表9-1规定。

表9-1 地表自然资源综合评价标准

指标	极差	差	中	良	优
	0～1	1～2	2～3	3～4	4～5

河南省黄淮平原粮食主产区地表资源以良等级为主，面积为44 877.16km^2，占区域总面积的54.57%，差等级面积为1 151.44km^2，只占黄淮平原总面积的1.4%。空间分布具有明显的差异性，呈现南北差异明显、中部交错分布的空间分布格局。地表自然资源优等级主要分布在洪汝河流域南部和颍河流

域的北部区域。地表自然资源差等级在台前县和范县集中分布，其他区域零星分布。地表自然资源良、中等级主要分布在洪汝河流域以北区域，如图9-1所示。

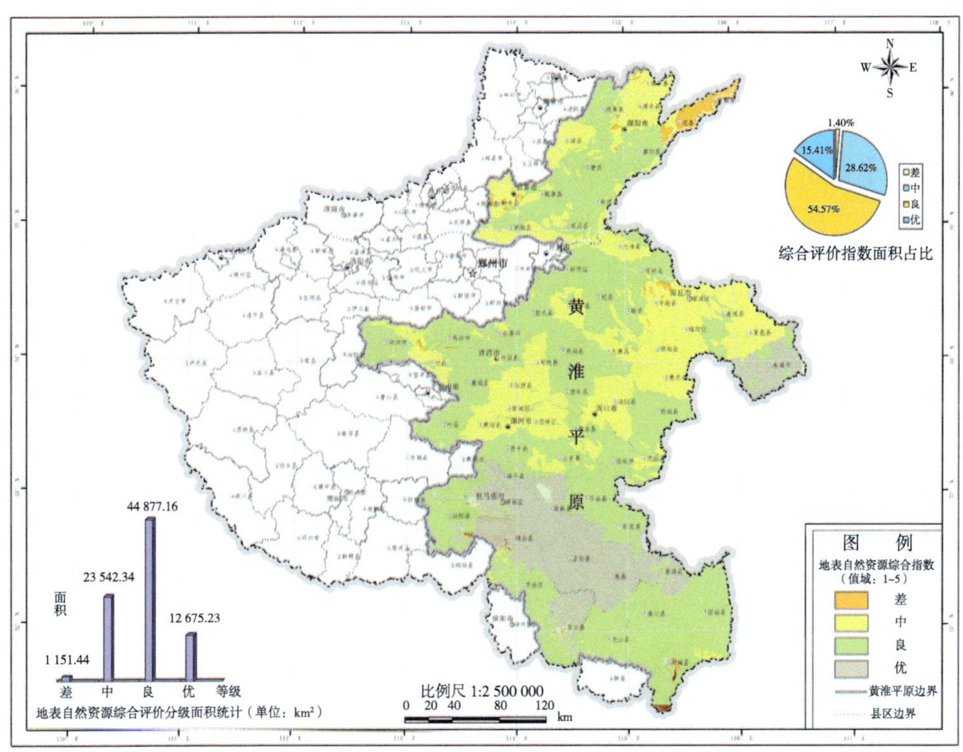

图9-1　河南省黄淮平原地表自然资源综合评价

9.2　分区评价

黄河北微起伏平原地表资源分布以良和中为主，二者共占区域面积的92.26%。差级别的资源分布面积占该区较小，主要分布在台前县、范县2个县，面积为1 002.88km^2，只占该区域面积的7.74%。该区域资源禀赋、资源分布都以中等级别为主，资源利用以良等级为主，在空间上呈现中间高四周低的分布格局。该区域耕作历史悠长，地表自然资源受人类活动影响程度较高，耕地资源压力较大，区内分布着河南省面积最大的蓄滞洪区—北金堤滞洪区。

黄河以南相邻的黄河南岸沙质平原和黄河南平缓平原区位于黄河冲积扇南翼，但地表资源综合评价等级具有明显的差异性，地表资源综合评价等级分别以良、中为主导，其中黄河南岸沙质平原地表资源综合评价良等别占区域面积77.74%，黄河南平缓平原区地表资源综合评价中等别占该区域的56.99%。两个区域在资源禀赋、资源分布上差异不大，但在资源利用程度上差异明显，黄河南平缓平原区地表资源的利用等级良和中等级别的基本各占一半，中间区域与夏邑县的耕地压力指数较大，相对超负载值较高。商水县、郸城县、淮阳县、鹿邑县、柘城县、太康县、虞城县、宁陵县等县不但经济相对滞后而且自然资源超载。其中淮阳县资源与经济超负载的值均偏高，问题突出，人均经济和资源量偏低（表9-2、图9-2）。

表9-2　河南黄淮平原地表自然资源综合分区评价

分区	差		中		良		优		合计
	面积（km^2）	占比（%）	面积（km^2）	占比（%）	面积（km^2）	占比（%）	面积（km^2）	占比（%）	面积（km^2）
黄河北微起伏平原	1 002.88	7.74	5 327.68	41.11	6 628.45	51.15	0.00	0.00	12 960.01
黄河南岸沙质平原	0.51	0.01	1 718.26	22.25	6 003.03	77.74	0.00	0.00	7 722.79
豫西山前倾斜平原	20.26	0.14	4 956.11	33.72	8 006.09	54.47	1 716.91	11.68	14 700.25
黄河南平缓平原区	128.14	0.70	10 394.57	56.99	6 108.30	33.49	1 607.52	8.81	18 239.44
淮北低缓平原区	0	0.00	888.01	6.98	5 315.82	41.80	6 514.62	51.22	12 718.94
大别山北麓平原区	0	0.00	265.69	1.67	12 826.16	80.50	2 841.81	17.84	15 934.48
合计	1 151.79		22 396.62		26 745.87		3 324.43		

豫西倾斜平原地表自然资源综合评价主要以良等级为主，占全区面积的

54.47%，豫西倾斜平原从西到东，从丘陵岗地到平原，地表资源综合评价等级从良到中。该平原区的耕地面积西多东少，自然地块的集聚度值较高。其中许昌市区和漯河市区由于城镇建设的需求，耕地、自然地块破碎，资源分布评价等级相对较低。

以淮河干流为轴线，南北分布的淮北地缓平原区和大别山北麓波状平原区是河南省黄淮平原区地表资源评价等级最好的两块地貌区。其中，淮北低缓平原区是黄淮平原自然资源评价优等级别的主要分布区域，占黄淮平原优等级的51.22%。该区域水热条件较好，水资源非常丰富，资源禀赋较高。相对黄淮北部地区，人类活动强度较低，该区域自然地块的分布及聚集度较黄淮北部区域高，北部的资源分布等级为中，该区域人口较多，人均耕地指数小。大别山北麓波状平原区地表自然资源以良等别为主，占该区域的80%以上。

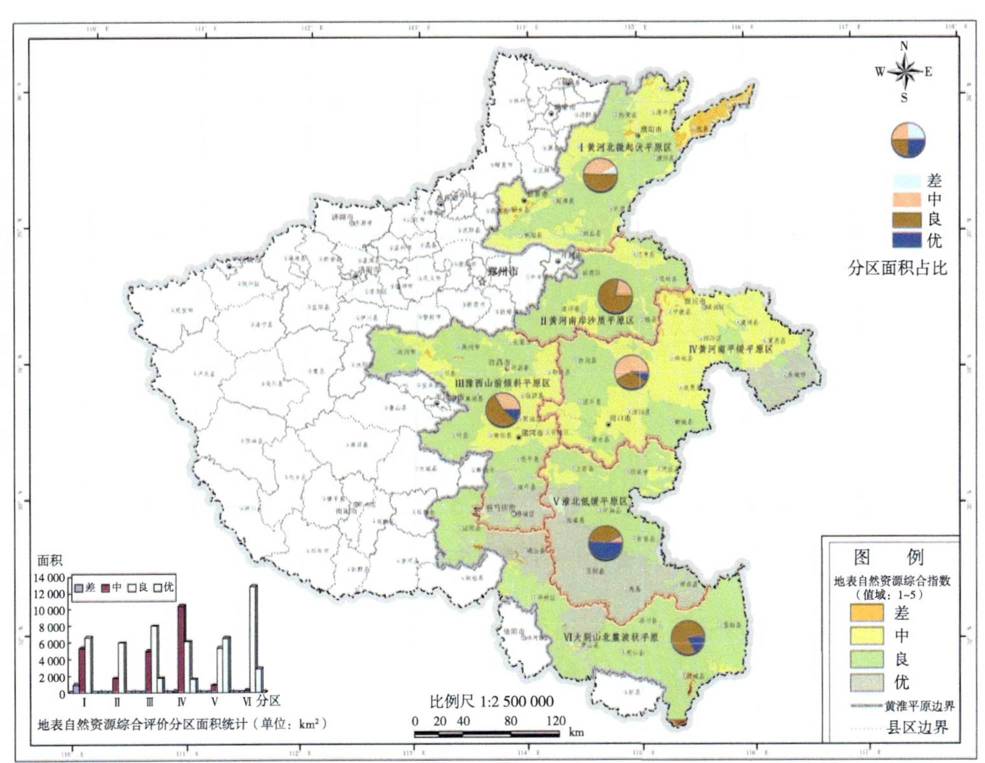

图9-2 河南省黄淮平原地表自然资源分区综合评价

9.3 资源禀赋、分布和利用的分布关系

为了分析河南省黄淮平原地表自然资源分布、资源利用和资源禀赋之间的相关性，本研究应用ARCGIS软件，对黄淮平原各地貌分布区的地表自然资源进行了随机采样，共采集了115个样点，如图9-3所示。这些样本点基本处于均匀分布状态，可代表研究区3个要素的原始状态。本研究通过对115个样点的统计分析和对比，探讨黄淮平原地表资源的自然禀赋与现代人类改造利用的关系。

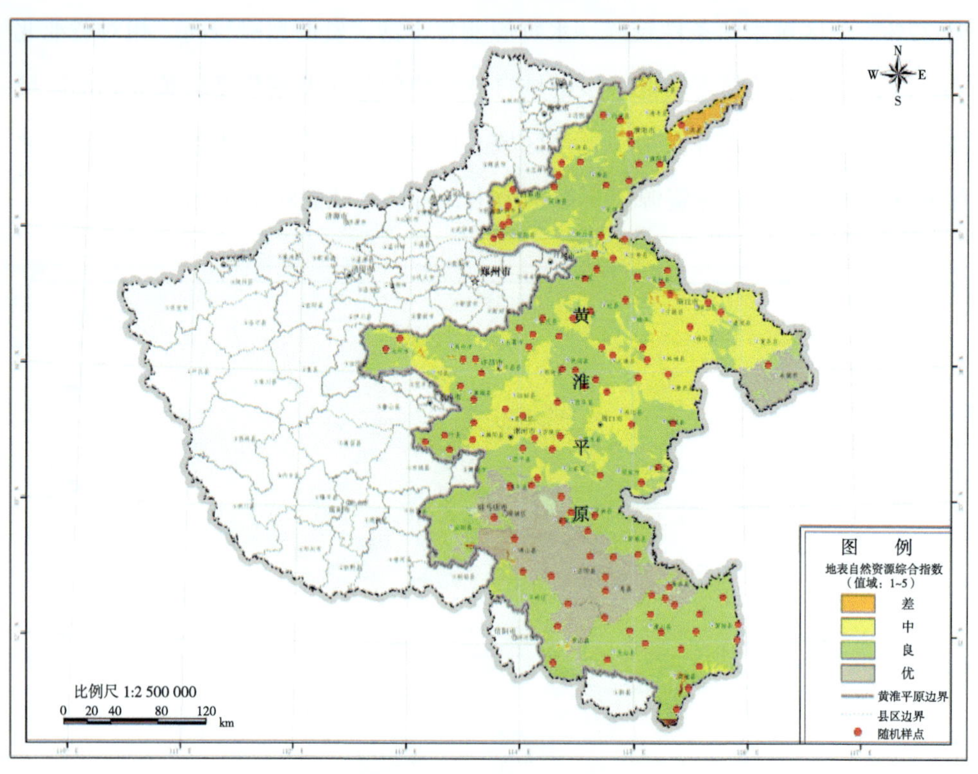

图9-3　河南省黄淮平原地表自然资源综合结果采样

河南黄淮海平原粮食主产区地表资源从资源禀赋、资源分布和资源利用3个方面的等级质量上来看（表9-3），以中级和良级为主导，优级较少，差级更少，极差基本上没有。河南省黄淮平原地表自然资源的各因素条件的采样点是随机点，但整体分布基本呈现一个正态分布趋势，如图9-4所示。区域的资

源禀赋等级在自然条件下呈现出的正态分布是符合客观自然规律的，资源禀赋良好数居多，优级和中级次之；区域的资源分布和利用的评价参数是围绕着耕地相关的指标进行评价分级的，这两个因素的分值很大程度上受到了人为因素对资源改造和利用的影响，因此资源分布和利用的分布态势是可以评价人为改造和利用程度是否按规律做事的。整体来看，这两者的样点在等级评价的空间分布上呈现正态分布，其中资源利用的态势和资源禀赋的分布态势非常相似，但在资源分布的样点在空间分布上以中级为主，良级略少，人为活动对自然资源的分布有较大的干扰，正态分布曲线出现“矮胖”趋势，方差较大，这是一种不稳定的态势，因此人类对自然资源的干扰和改造方式应进行一定的调整。

表9-3　河南黄海平原地表资源综合评价采样点统计

分值	等级	资源禀赋样点数	资源分布样点数	资源利用样点数
1	极差	1	0	0
2	差	1	14	10
3	中	26	50	46
4	良	71	45	93
5	优	16	11	34

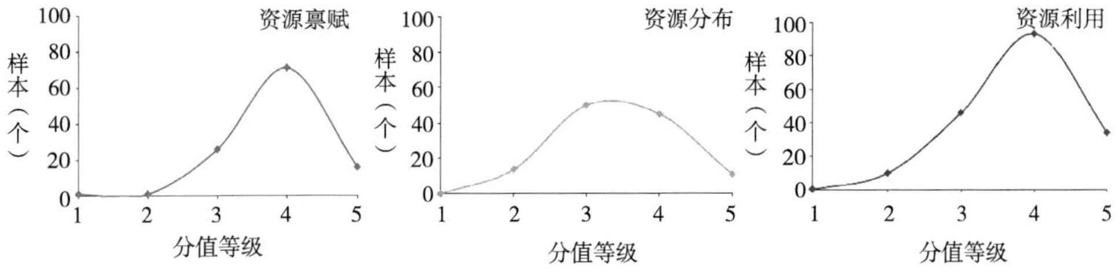

图9-4　河南黄淮平原地表资源各要素样本等级分布

资源禀赋是资源分布和资源利用的基础，但随着人类社会生产力的快速发展和提高，资源禀赋的制约性逐渐变小，现代人类的灌溉技术、施肥、土壤质地的改良，温室大棚的使用等技术手段，不断改善了农业的自然生产条件。通过115个采样点分析，从资源禀赋和资源利用以及资源分布和资源利用的相关分析来看（图9-5至图9-7），每种情况两者之间的相关性均不显著。其中，资源分布与资源禀赋有一定的相关性，相关性R值为0.35。

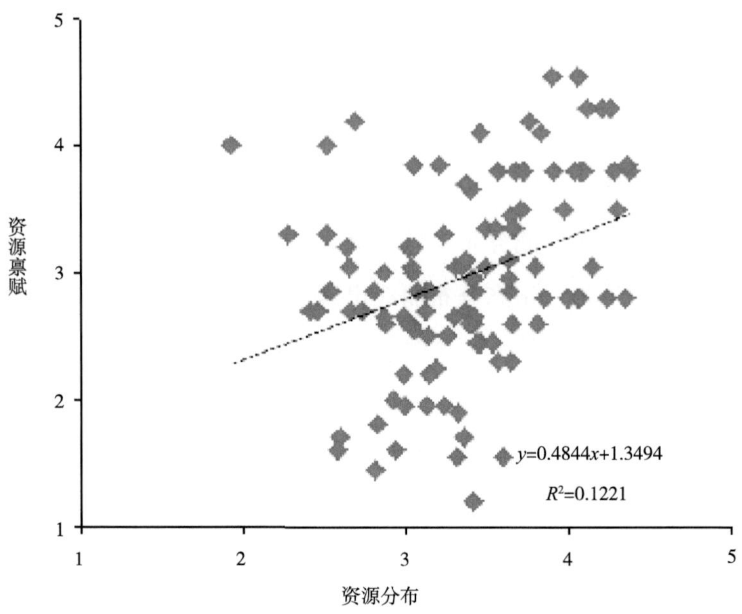

图9-5　河南黄淮平原资源分布和资源禀赋相关性分析

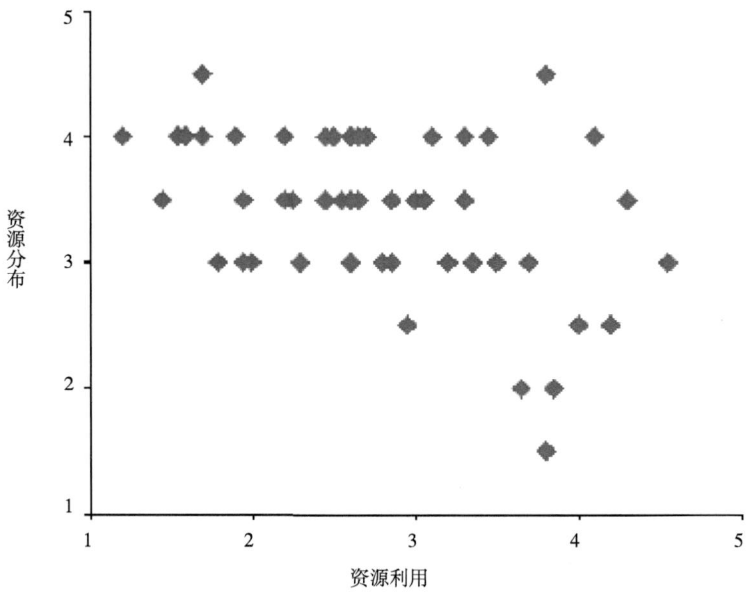

图9-6　河南黄淮平原资源分布和资源利用相关性分析

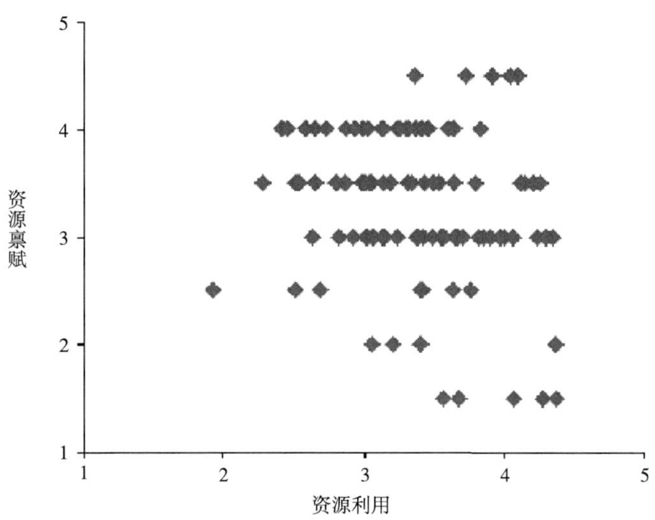

图9-7 河南黄海平原资源利用和资源禀赋相关性分析

资源禀赋是自然地理环境的一个反应，是农业生产活动中所需要的基本物质条件和投入要素，具有明显的地带性规律。自然资源的空间分布导致自然条件的地理差异，然而就耕地分布性来看，在一定的地块区域内，由于人类的改造作用减少了小区域内的差异，因此资源分布和资源禀赋有一定的相关性，但并不十分密切。自然条件的地理差异是农业生产地域分工的自然基础。自然条件的利用反映在农业生产上，存在着明显的地域分异性，不同的地区农业生产特点不同，对应的农业自然资源利用方式、结构及制度也相应不同，因此黄淮平原的资源利用与资源禀赋的等级分值相关性极差。总体来说，尽管以农业为核心的自然资源的综合评价受到地形地貌等自然环境要素的制约，但黄淮平原地形基本以平原和平缓的台地为主，坡度陡的山地和丘陵所占比例甚微，粗骨性、石质性土等难以耕种土壤所占比例微小，整个黄淮平原处于温带和亚热带区，非常适宜耕种，因此现代技术对自然的改造作用在以农耕为主的河南省黄淮平原地区涉及范围非常广泛，受自然环境的制约显得较为微小。整体来说资源禀赋与资源分布和资源利用的相关性在区域内并不十分密切，尤其与资源的利用相关性较差。

此外，河南黄淮平原地表自然资源的禀赋、分布和利用3要素的等级情况在空间上的分布格局没有相似性，如图9–8所示。也就是说从生态景观格局来看，河南黄淮平原的景观格局的同质性和异质性在不同的要素特征上反应突出。

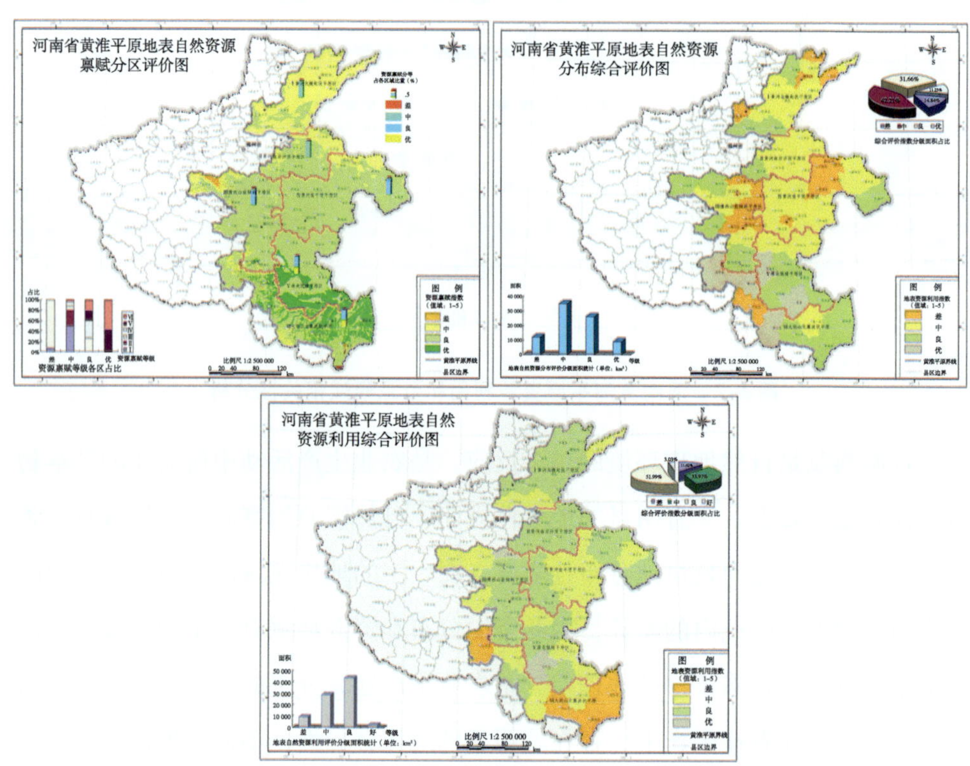

图9–8　河南黄淮平原地表资源禀赋、分布和利用等级分区对比

所谓空间异质性（spatial heterogeneity）是指生态学过程和格局在空间分布上的不均匀性及其复杂性。而其对立面就是空间同质性，它是指自然等级体系中低于景观的等级系统具有不同于景观的基本特征，这种同质是相对的，它是由具有相似特征的组分或元素组成的系统。

河南黄淮平原地表资源禀赋评价等级的分布具有明显的异质性，从北到南，评价等级从差到优，然而资源分布和利用格局分布没有规律性变化，基本6个地貌区的各级评价单元比例基本差不多，具有同质性。河南黄淮平原以农业为主，人类对地表资源的改造作用在近20年来有了明显变化，以往的盐碱地、沙地以及不平整的洼地和岗地都发生了较为明显改善，一是改良了不利于耕种的土质，二是改造了不利于耕种的地貌地形，填洼去高，土地相对平整。以农业为主的景观格局在黄淮平原出现明显的同质性，区域差距较小，仅是具体的农作物出现了以淮河为界限的南北差异。

9.4 结论

9.4.1 地表资源综合评价整体以良等级为主，空间差异明显

河南省黄淮平原地表自然资源综合评价良优等级以上面积为57 552.39.16km^2,占区域总面积的83.19%，差等级零星分布，面积为1 151.44km^2，只占黄淮平原总面积的1.4%。空间分布具有明显的差异性，呈现南北差异明显、中部交错分布的空间分布格局。资源禀赋从北向南呈现中—良—优—良的变化，从西南向东北，呈现中—差—优—良—中的空间分异规律。资源分布以洪汝河为界，北中南良。黄河冲积扇南北两翼资源分布等级相对来说较低，而淮河南北平原区资源分布相对来说较高。

9.4.2 人类活动较大程度影响农业地表自然资源的空间分布格局

自然环境制约着陆地生态系统的发展和演变，同时区域人类活动因素也对其有着重要的影响作用。随着人口的增加，城市面积的扩展以及农村地区的房屋住宅增加和其他开发活动的增强，特别是在平原地区，人类活动较大程度影响着地表景观格局的变化，地表自然资源地域分异规律逐步趋同于人类活动的热点、冷点分布规律。

9.4.3 2010—2015年耕地压力呈减轻的趋势

2010年和2015年河南省黄淮平原粮食主产区耕地压力分区平均值分别为0.97和0.94。从整体上看，相比于2010年，2015年黄淮平原区耕地压力呈下降

趋势。6个分区中除了黄河南岸沙质平原区耕地压力与2010年持平外，其余5个区耕地压力都有所下降。耕地压力指数下降与这一阶段研究区耕地面积保持动态平衡，粮食产量增加及粮食单产小幅增长有关。从整个黄淮平原耕地压力分布来看，耕地压力较大（大于1.3）的区域主要集中在大别山北麓波状平原区、豫西山前倾斜平原区西部、淮北低缓平原区西部，这些区域受地形坡度大、粮食耕种面积少的影响，最小人均耕地面积指数普遍偏大，从而造成这些区域耕地压力指数偏高。耕地压力指数介于1.1～1.3的区域主要包括范县、禹州市、封丘县、潢川县、确山县。耕地压力最小的区域为黄河南岸沙质平原区，该区各县的耕地压力指数均小于1。

9.4.4　耕地后备资源零散破碎且利用受生态环境制约大

河南省黄淮平原粮食主产区耕地后备资源占全省耕地后备资源总面积的26.9%。其中，可开垦土地面积占86.61%，可复垦土地面积占13.39%，后备资源稀缺。耕地后备资源总面积中斑块面积小于300亩占70.05%，小于100亩的图斑面积占到43.14%。现余留下来的耕地后备资源以破碎、零散为主，其开发利用成本较高。从分布区域上，集中连片的后备资源也主要分布于豫西和大别山北麓山区，本身生态环境比较脆弱，在开发利用过程中，稍有不当极易引起水土流失等严重后果。

参考文献

敖登高娃，巴雅尔，宝音. 2004. 半干旱区县域农业自然资源评价研究——以和林格尔县为例[J]. 干旱区资源与环境，18（5）：99-102.

白金明. 2008. 我国循环农业理论与发展模式研究[D]. 北京：中国农业科学院研究生院.

毕晓丽，葛剑平. 2004. 基于IGBP土地覆盖类型的中国陆地生态系统服务功能价值评估[J]. 山地学报，22（1）：48-53.

常庆瑞，蒋平安，周勇，等. 2004. 遥感技术导论[M]. 北京：科学出版社.

陈冬梅，卞新民，窦华泰，等. 2006. 江苏省河横村循环型农业结构与功能分析[J]. 江苏农业科学（3）：184-187.

陈阜. 2002. 农业生态学[M]. 北京：中国农业大学出版社.

陈红兵，卢进登，赵丽娅，等. 2007. 循环农业的由来及发展现状[J]. 中国农业资源与区划，28（6）：65-69.

陈家金，李丽纯，李文. 2008. 福建省农业资源可持续利用综合评估方法研究[J]. 中国生态农业学报，16（5）：234-238.

陈俊勇. 2013. 简论地理国情监测[J]. 地理信息世界（3）：4-6.

陈卫青. 2012-02-03. 浙江省地理国情监测试点成果通过验收[N]. 中国测绘报.

陈源泉，高旺盛. 2009. 中国粮食主产区农田生态服务价值总体评价[J]. 中国农业资源与区划，30（1）：33-39.

程叶青. 2004. 农业资源可持续利用综合评价模型[J]. 辽宁农业科学（2）：7-9.

傅伯杰，陈立顶，马克明. 2001. 景观生态学原理及应用[M]. 北京：科学出版社.

傅柳松. 2000. 农业环境学[M]. 北京：中国林业出版社.

高桂芹，齐作辉，董玉武. 2008. 唐山市农业气候资源DTOPSIS优势分析[J]. 气象科技，36（2）：202-205.

高旺盛，董孝斌. 2003. 黄土高原丘陵沟壑区脆弱农业生态系统服务评价——安塞县为例[J]. 自然资源学报，18（2）：183-188.

耿海波，孙虎，李根明. 2008. 陕西省农业生态安全定量评价及其发展趋势分析[J]. 农业系统科学与综合研究，24（1）：36-40.

韩冰，王效科，逯非，等. 2008. 中国农田土壤生态系统固碳现状和潜力[J]. 生态学报，28（2）：612-619.

阂庆文，李湘阁，李丽平. 1998. 南京地区农业资源的综合评价研究[J]. 长江流域资源与环境（3）：242-247.

胡涛. 2010. 庄河农业土地适宜性评价分析[J]. 中国农学通报，26（18）：389-392.

黄初龙，邓伟，杨建锋. 2005. 农业水资源可持续利用评价指标体系构建及其应用[J]. 农业现代化研究，26（6）：422-425.

贾蕊，梁银河，朱新民，等. 2007. 山西省农业资源环境与经济协调发展评价与对策研究[J]. 国土与自然资源研究（4）：39-40.

姜文来，罗其友. 2000. 区域农业资源可持续利用系统评价模型[J]. 经济地理（3）：78-81.

蒋焕洲. 1995. 江南丘陵农业自然资源开发条件分析[J]. 地理学与国土研究（4）：29-32.

晋明，赵小敏，张军，等. 2011. 鄱阳湖地区农业资源利用分区研究[J]. 江西农业大学学报，33（6）：1 252-1 256.

寇有观. 1987. 农业资源信息系统的研究[J]. 自然资源学报，2（1）：84-91.

李建国，刘金萍，刘丽丽，等. 2010. 重庆市农业生态安全空间特征与政策建议[J]. 农业现代化研究，31（4）：462-466.

李明森. 2000. 青藏高原土地开发潜力与对策. 自然资源学报（4）：323-327.

李晓燕，王宗明，张树文. 2007. 基于GIS的区域生态安全障碍因素分析：以吉林省西部为例[J]. 中国农学通报，23（11）：339-343.

林方喜，李赓，张燕青. 2009. 闽江口景观资源评价研究[J]. 中国农学通报，25（24）：303-307.

领茂华，秦宏. 2010. 草原生态服务价值计量方法的研究[J]. 中国草地学报，32（5）：9-14.

刘昌明，陈志恺. 2001. 中国水资源现状评价和供需发展趋势分析[M]. 北京：中国水利水电出版社.

刘富刚. 2005. 德州市农业资源评价与人口承载力研究[J]. 德州学院学报，4（2）：37–41.

刘洪顺. 1992. 江西红壤丘陵区农业综合开发的典型调查[J]. 中国农业资源与区划，（5）：35–37.

刘军. 2011. 湖南省农业资源可持续利用评价研究[J]. 江西农业大学学报（社会科学版），10（3）：65–70.

刘晓辉，吕宪国，董贵华. 2008. 分维模型在土地利用研究中的应用[J]. 地理科学，28（6）：765–769.

刘渝. 2011. 湖北农业资源劣势的认识与对策[J]. 国土与自然资源研究（2）：40–41.

刘长胜，卢伟，金晓斌，等. 2004. GIS支持下土地整理中未利用地适宜性评价——以广西柳城县为例[J]. 长江流域资源与环境，13（4）：333–337.

满苏尔. 2002. 新疆库车县耕地人口承载能力研究. 干旱区资源与环境，16（3）：28–32.

梅安新，彭望，秦其明，等. 2001. 遥感导论[M]. 北京：高等教育出版社.

缪瑞林. 2000. 可持续农业资源开发论[D]. 南京：南京农业大学.

欧向军. 2005. 江苏省县域经济差异演变的结构分析[J]. 地域研究与开发，24（2）：25–29.

潘竟虎，张佳龙，张勇. 2006. 甘肃省区域经济空间差异的ESDA—GIS分析[J]. 西北师范大学学报（自然科学版），6：83–91.

彭震伟. 1998. 区域研究与区域规划[M]. 上海：同济大学出版社.

秦耀辰，刘凯. 2003. 分型理论在地理学中的应用研究进展[J]. 地理科学进展，22（4）：426–433.

邵晓梅，王静，许月卿，等. 2007. 小城镇农村居民点土地集约利用评价——以浙江省慈溪市周巷镇为例[J]. 中国农业大学学报，12（3）：100–104.

石丽忠，陈金良，迟道才，等. 2008. 辽宁省农业水资源多维藕合评价指标体系研究[J]. 中国农村水利水电，3：9–12.

石元春，贾大林. 1988. 黄淮海平原农业图集[M]. 北京：北京农业大学出版社.

时子明. 1983. 河南自然条件与自然资源[M]. 郑州：河南科学技术出版社.

史文忠，等. 2013. 地理国情监测理论与技术[M]. 北京：科学出版社.

史晓霞. 2005. 城市扩展条件下生态风险遥感评价及模拟研究[D]. 北京：北京师范大学.

舒伯阳. 1997. 中国观光农业的现状分析与前景展望[J]. 旅游学刊，12（5）：41–43.

孙蔑，王凯荣，谢小立. 2004. 江南丘陵县域农业资源利用与农业结构优化——以湖南省桃江县为例[J]. 长江流域资源与环境，13（4）：354–357.

孙蔑，王凯荣，谢小立. 2005. 湖南桃江农业可持续发展的土地利结构优化[J]. 山地学报，23

（2）：203-208.
孙新章，周海林，谢高地. 2007. 中国农田生态系统的服务功能及其经济价值[J]. 中国人口·资源与环境，17（4）：55-60.
汪为青. 2009. 鄱阳湖湿地生态系统服务功能价值与退田还湖生态补偿研究[D]. 南昌：江西师范大学.
王晨野，汤洁，李昭阳，等. 2008. 吉林西部土地利用/覆被时空变化驱动力分析[J]. 生态环境，17（5）：1 914-1 920.
王国强，等. 2016. 河南自然条件与资源[M]. 北京：商务印书馆.
王海燕. 2002. 农业经济可持续利用研究——农业资源承载力和可持续评价[D]. 北京：中国农业大学.
王静爱，何春养，董艳春，等. 2002. 北京城乡过渡区土地利用变化驱动力分析[J]. 地球科学进展，17（2）：201-208.
王军，何玲，董谦，等. 2010. 河北省农业生态安全障碍度评价与对策研究[J]. 农业现代化研究，31（1）：81-85.
王军. 2009. 农业生态安全的理论与实践[M]. 北京：中国农业出版社.
王文楷. 1990. 河南地理志[M]. 郑州：河南人民出版社.
王颖伟. 2011. 农业资源现状及农村能源建设对策[J]. 现代农业科技（23）：297.
王宗明，梁银丽. 2002. 黄土源区作物生产潜力分析[J]. 水土保持通报（1）：30-33.
王宗明，张柏，宋开山，等. 2007. 东北地区农业土地资源潜力评价模型及其应用 [J]. 生态科学，26（4）：351-360.
邬建国. 2004. 景观生态学—格局、过程、尺度与等级[M]. 北京：高等教育出版社.
吴国庆. 2001. 区域农业可持续发展的生态安全及其评价探析[J]. 生态经济，8：22-25.
吴建寨，李波，张新时，等. 2007. 天山北坡土地利用/覆被及生态系统服务功能变化[J]. 干旱区地理，30（5）：728-735.
吴凯，黄荣金. 2001. 黄淮海平原水土资源利用的可持续性评价、开发潜力及对策[J]. 地理科学（5）：390-395.
伍世良，邹桂昌，林健枝. 2001. 论中国生态农业建设的五个问题[J]. 自然资源学报，16（4）：320-324.
谢高地，张铭铿，鲁春霞，等. 2001. 中国自然草地生态系统服务价值[J]. 自然资源学报，16（1）：47-53.
谢高地. 2002. 农业资源高效利用评价模型与决策支持[M]. 北京：科学出版社.

谢立峰. 2010. 农业资源综合开发在新农村建设中的作用[J]. 北方园艺（14）：229–230.

邢世和，毛艳铃，周碧青，等. 2000. 福建省农用地资源评价及其利用保护对策[J]. 福建农业大学学报，29（3）：356–362.

熊鹰，王克林，吕辉红. 2003. 湖南省农业生态安全与可持续发展初探[J]. 长江流域资源与环境，12（5）：432–439.

徐永书，陈静. 2013. 重庆市地理国情监测试点项目建设及实践[J]. 地理空间信息，11（5）：7–9.

许晖，张坤. 2012. 中美地理国情监测概述[J]. 测绘标准化（4）：6–9.

许联芳，刘新平，王克林，等. 2006. 湖南省农业可持续发展的生态安全评价[J]. 资源科学，28（3）：87–93.

杨正勇，杨怀宇，郭宗香. 2009. 农业生态系统服务价值评估研究进展[J]. 中国生态农业学报，17（5）：1 045–1 050.

尤文军. 2002. 农业结构调整的基本出发点：农民增收[J]. 调研世界（4）：42–43.

于伯华，吕昌河. 2008. 基于DPSIR模型的农业土地资源持续利用评价[J]. 农业工程学报，24（9）：53–58.

张佳华，张国平，王培娟，等. 2010. 植被与生态遥感[M]. 北京：科学出版社.

张壬午，计文瑛，成为民. 1998. 农田生态系统中水资源利用价值核算方法初探[J]. 农业环境保护，17（2）：60–62.

张永利，杨锋伟，王兵，等. 2010. 中国森林生态系统服务功能研究[M]. 北京：科学出版社.

章家恩，骆世明. 2004. 农业生态安全及其生态管理对策探讨[J]. 生态学杂志，23（6）：59–62.

赵鹏，马新明，陈阜，等. 2007. 豫东村级农业生态系统能流和养分循环特征[J]. 农业现代化研究，28（6）：746–748.

赵荣钦，黄爱民，秦明，等. 2003. 农田生态系统服务功能及其评价方法研究[J]. 农业系统科学与综合研究，19（4）：267–270.

赵同谦. 2004. 中国陆地生态系统服务功能及其价值评估研究[D]. 北京：中国科学院研究生院.

赵予新. 2011. 农业资源与粮食生产协调发展研究[J]. 农村经济与科技，22（9）：5–7.

郑静，刘学录. 2010. 兰州市土地开发潜力评价研究[J]. 干旱区资源与环境，24（12）：39–43.

郑宇，胡业翠，刘彦随，等. 2005. 山东省土地适宜性空间分析及其优化配置研究[J]. 农业工程学报，21（1）：60–65.

周上游. 2004. 农业生态安全与评估体系研究[D]. 株洲：中南林学院.

周治国，孟亚利，曹卫星. 2005. 基于知识模型和GIS的作物生产潜力评价[J]. 中国农业科学，38（6）：1 142-1 147.

周忠发. 2006. 基于GIS的喀斯特地区农村土地适宜性评价——以贵州省仁怀市为例[J]. 贵州师范大学学报：自然科学版，24（3）：17-19.

朱晓华，蔡运龙. 2005. 中国土地利用空间分形结构及其机制[J]. 地理科学，25（6）：671-677.

Ares J，Bertiller M，Valle H. 2001. Functional and structural landscape indicators of intensification，resilience and resistance in agro ecosystems in southern Argentina based on remotely sensed data[J]. Landscape Ecology，16（3）：221-234.

Bjorklund J，Limburg K，Rydberg T. 1999. Impact of production intensity on the ability of the agricultural landscape to generate ecosystem services：An example from Sweden[J]. Ecological Economics，29：269-291.

Bockstael N，Costanza R，Strand I，et al. 1995. Ecological economic modeling and valuation of ecosystems[J]. Ecological Economics，14：143-159.

Boody G，Vondracek B，Andow D A，et al. 2005. Multifunctional agriculture in the United States[J]. Bioscience，55（1）：27-38.

Brown D G，Duh J D，Drzyzga S A，et al. 2000. Estimating error in an analysis of forest fragmentation change using North American landscape characterization（NALC）data[J]. Remote Sensing of Environment，71：106-117.

Chen G J，Liu Q. 2006. Evaluation of sustainable land management and diagnosis of obstacle at county scale in Sichuan basin：taking Lezhi county as example[J]. Wuhan University Journal of Natural Sciences，11（4）：1 046-1 051.

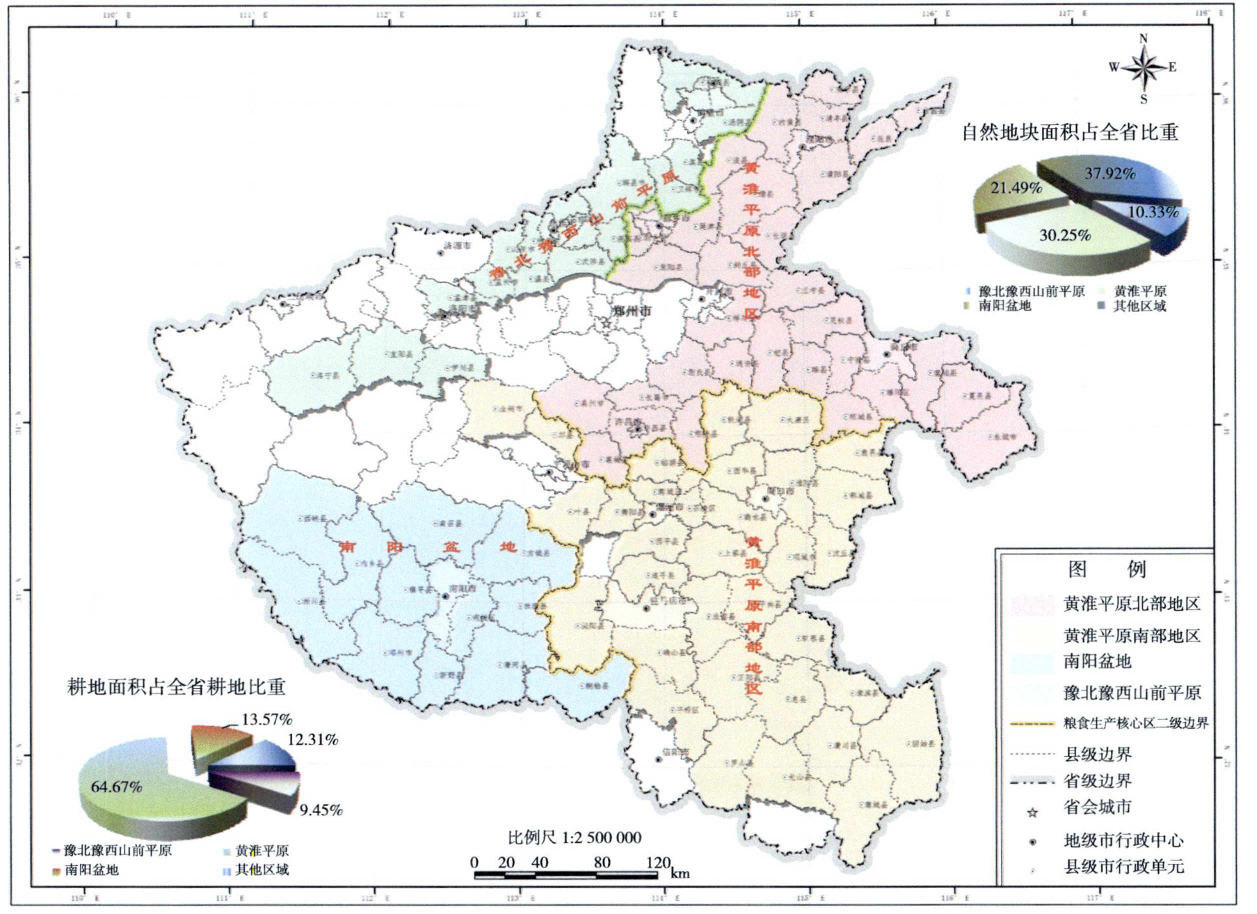

河南省粮食生产核心区主体范围

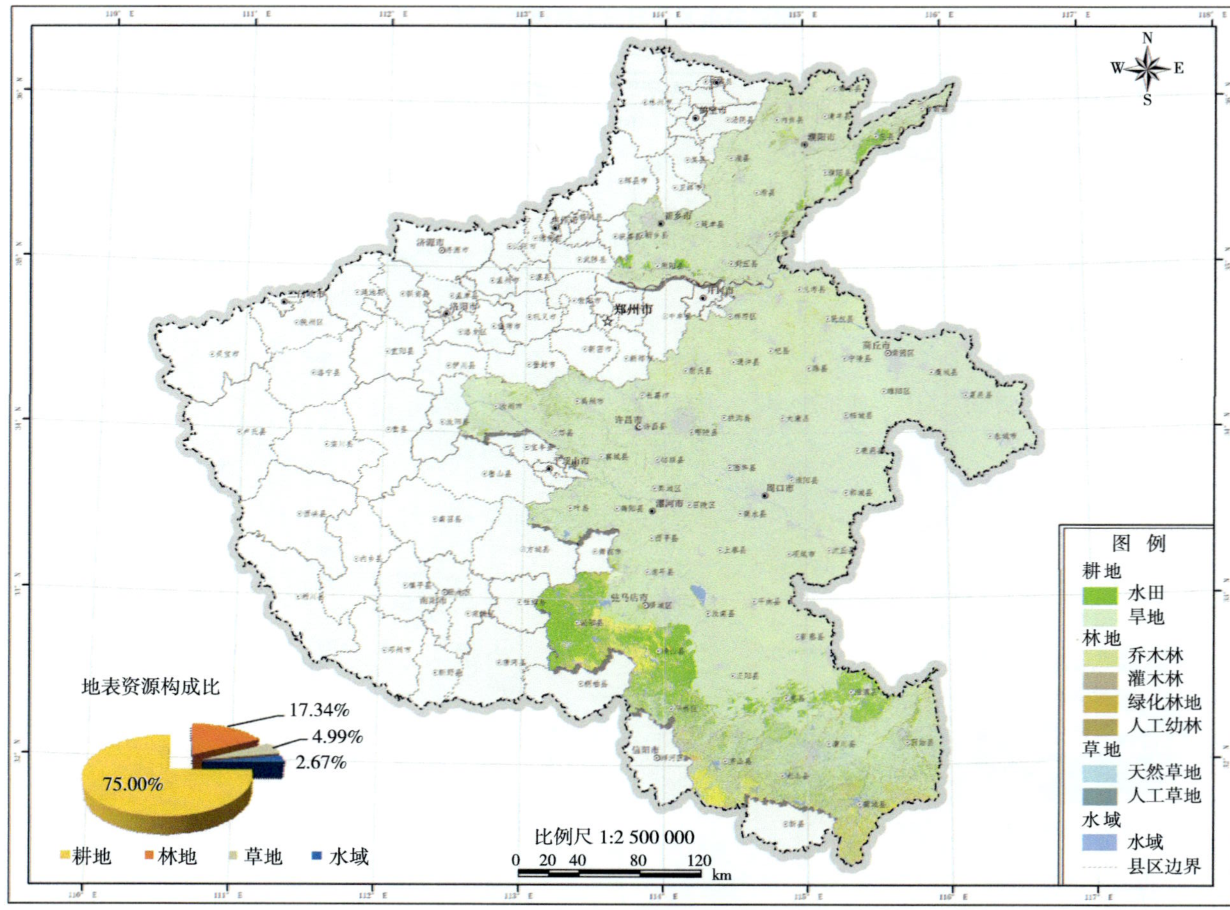

河南省黄淮平原地表覆盖资源分布

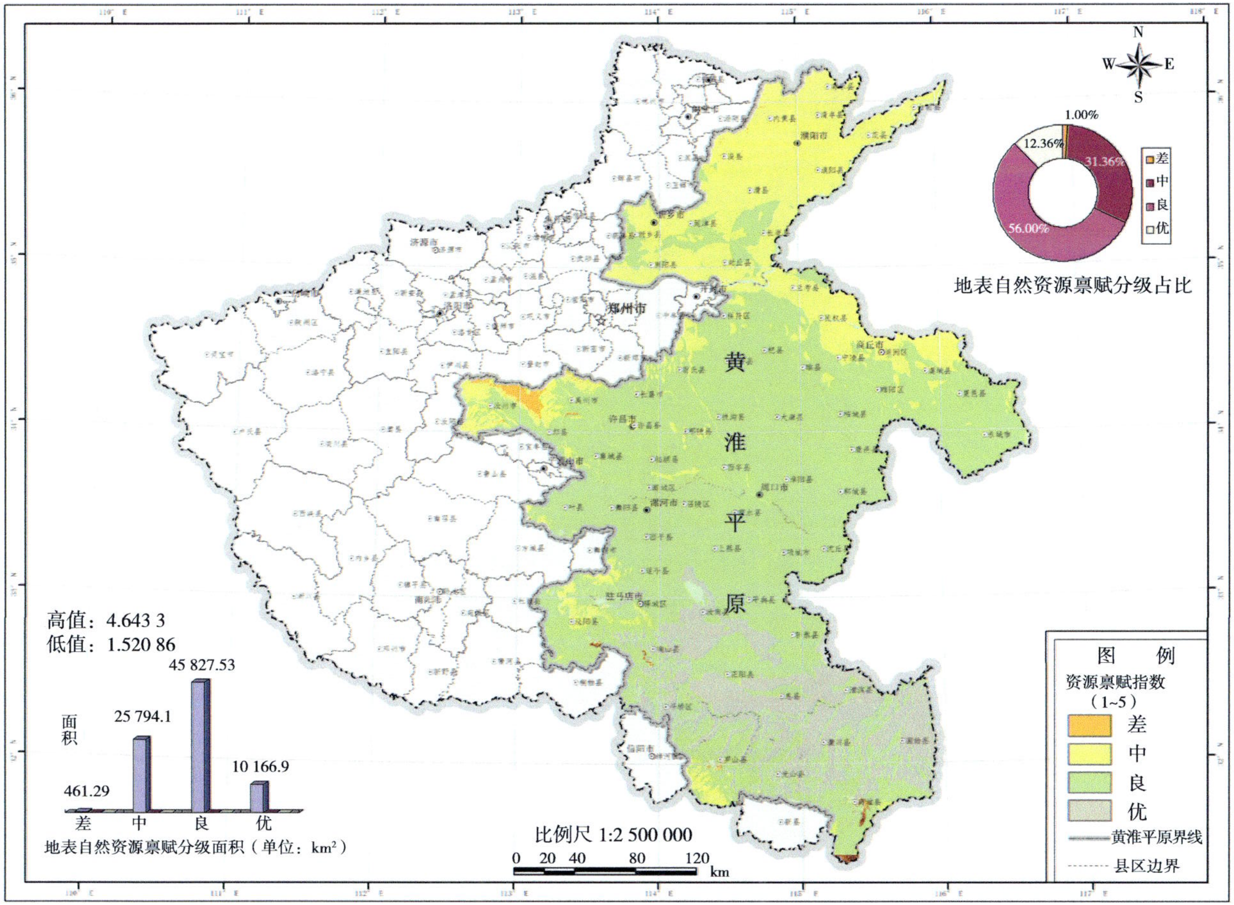

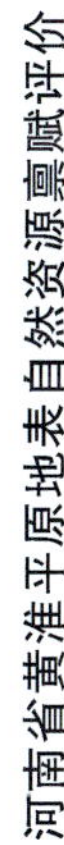

河南省黄淮平原地表自然资源禀赋评价

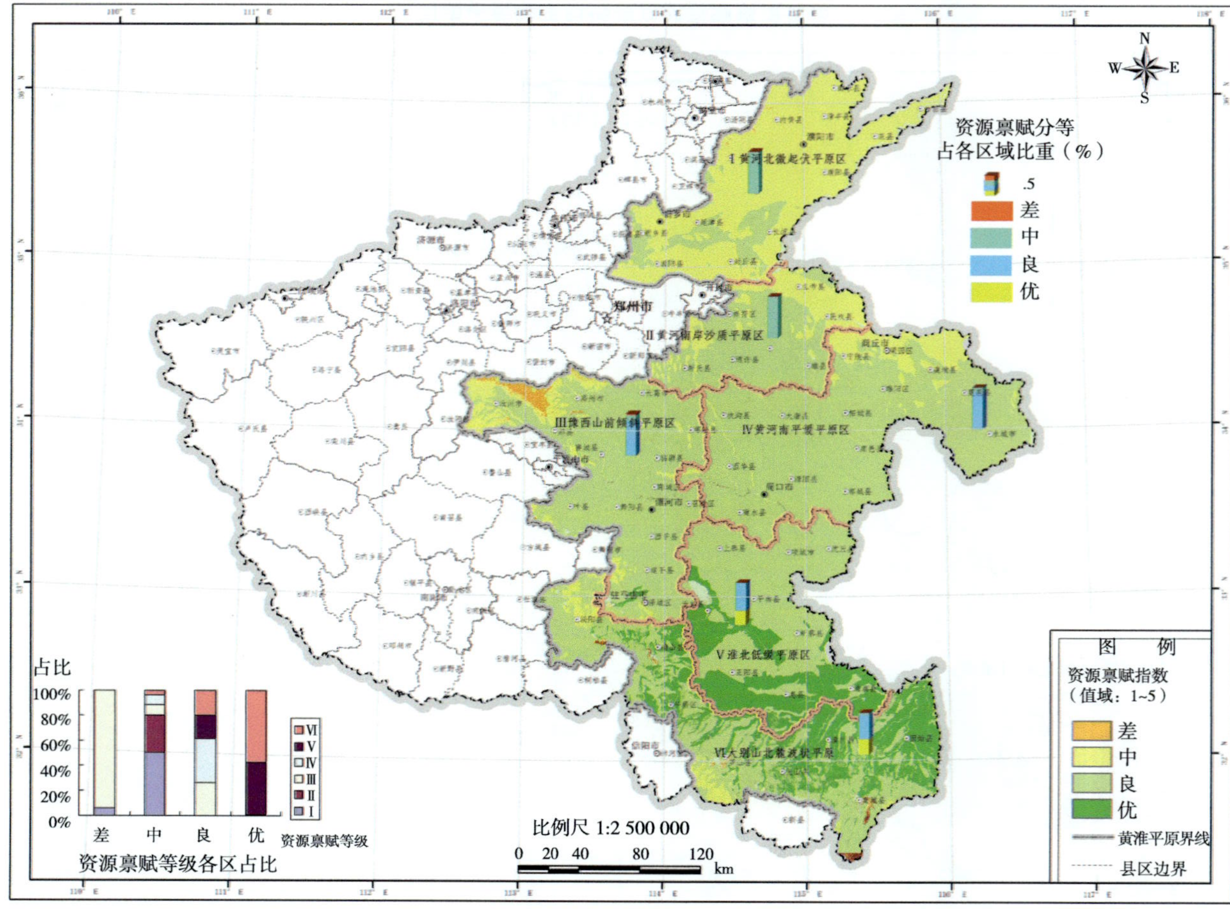

河南省黄淮平原地表自然资源禀赋分区评价

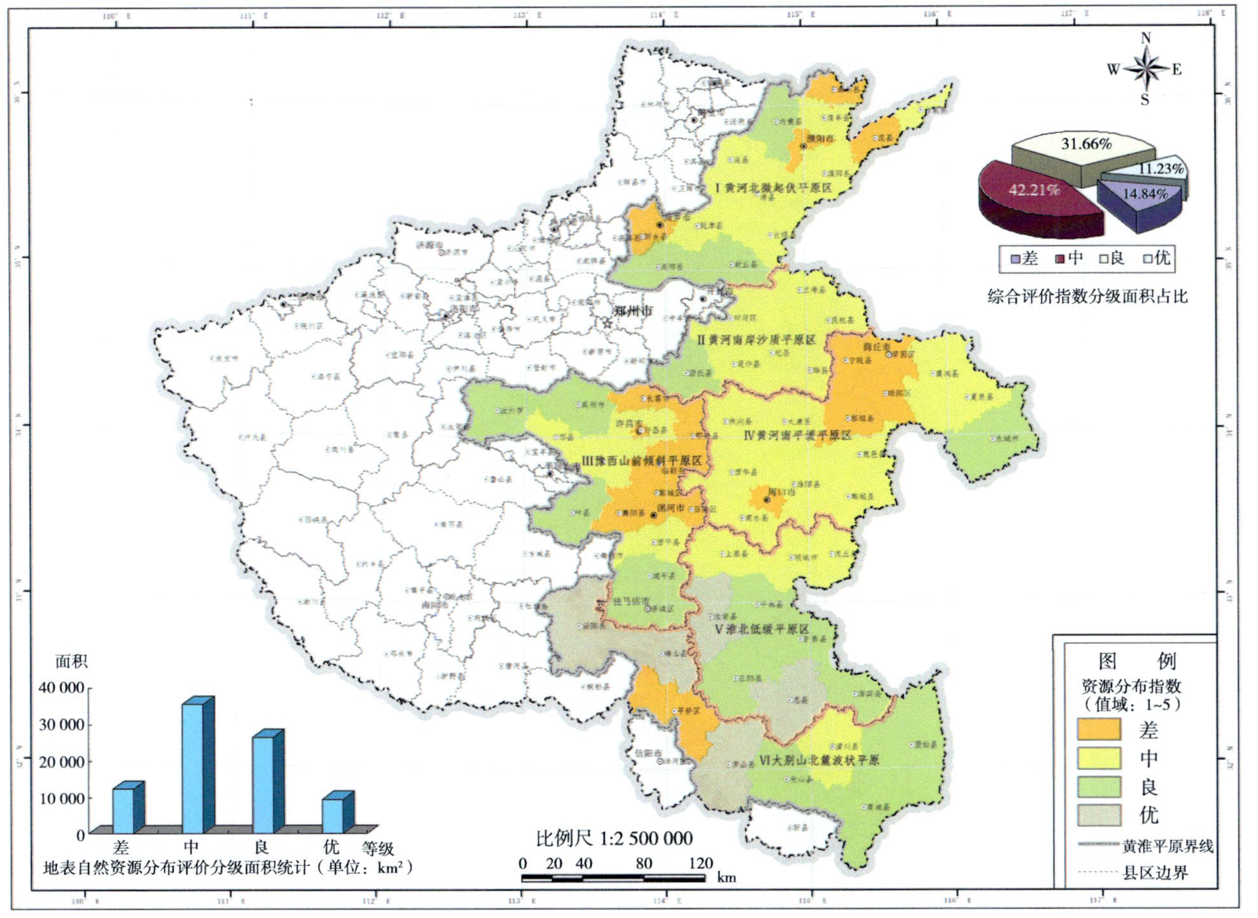

河南省黄淮平原河流水渠密度分布

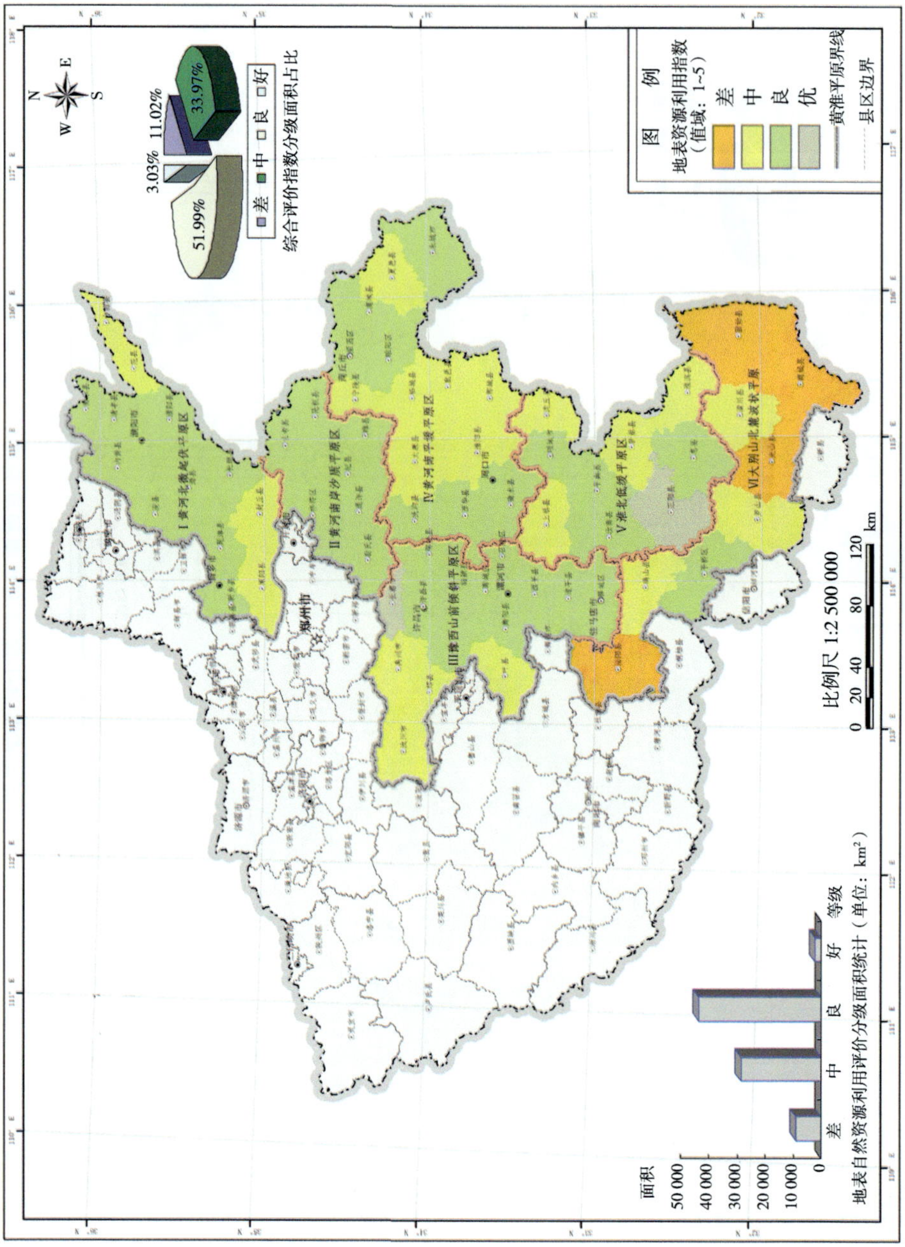

图例
地表资源利用指数
（值域：1~5）
差
中
良
优
黄淮平原界线
县区边界

51.99%
3.03%
11.02%
33.97%
差 中 良 好
综合评价指数分级面积占比

比例尺 1:2 500 000
0 20 40 80 120 km

面积
50 000
40 000
30 000
20 000
10 000
0
差 中 良 好 等级
地表自然资源利用评价分级面积统计（单位：km²）

河南省黄淮平原地表自然资源利用综合评价

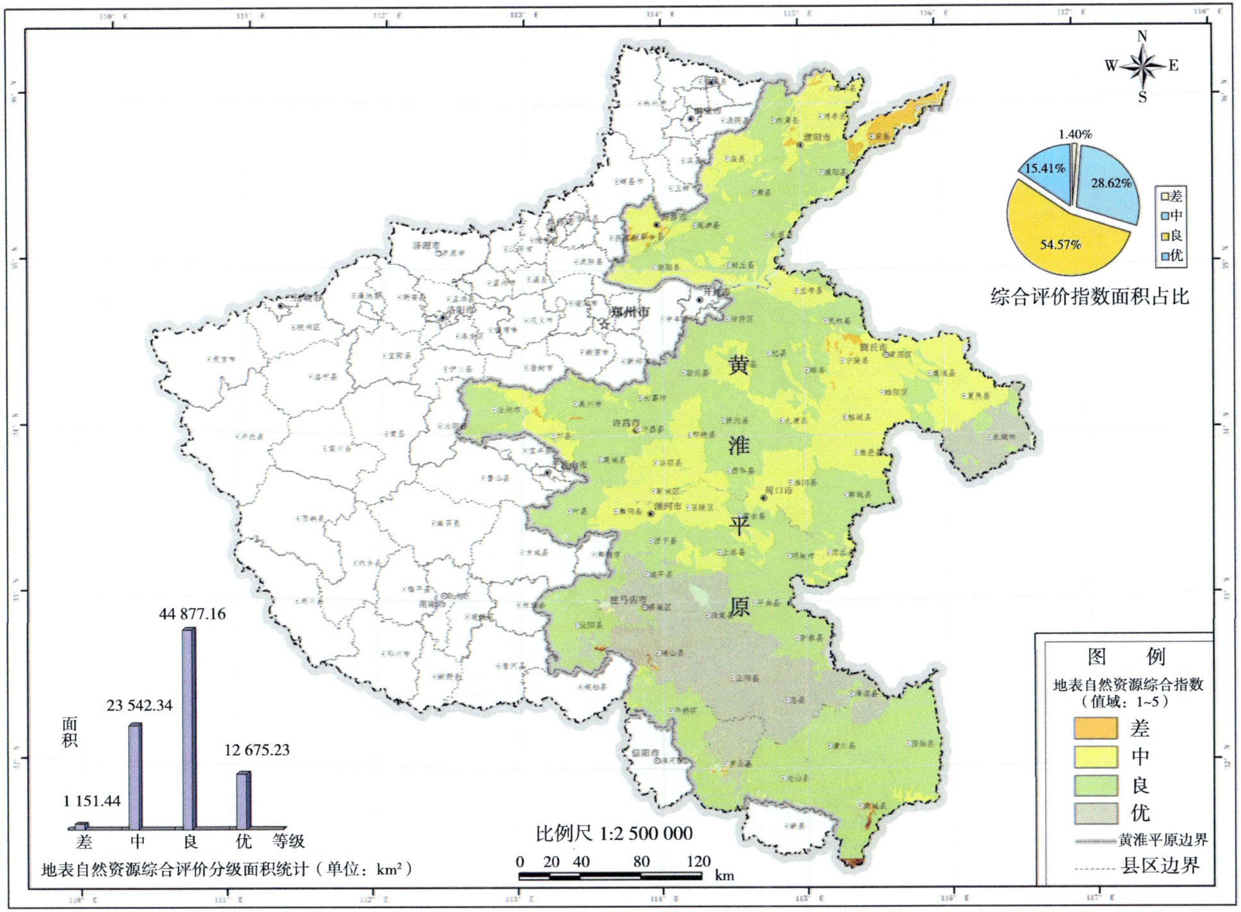

河南省黄淮平原地表自然资源综合评价

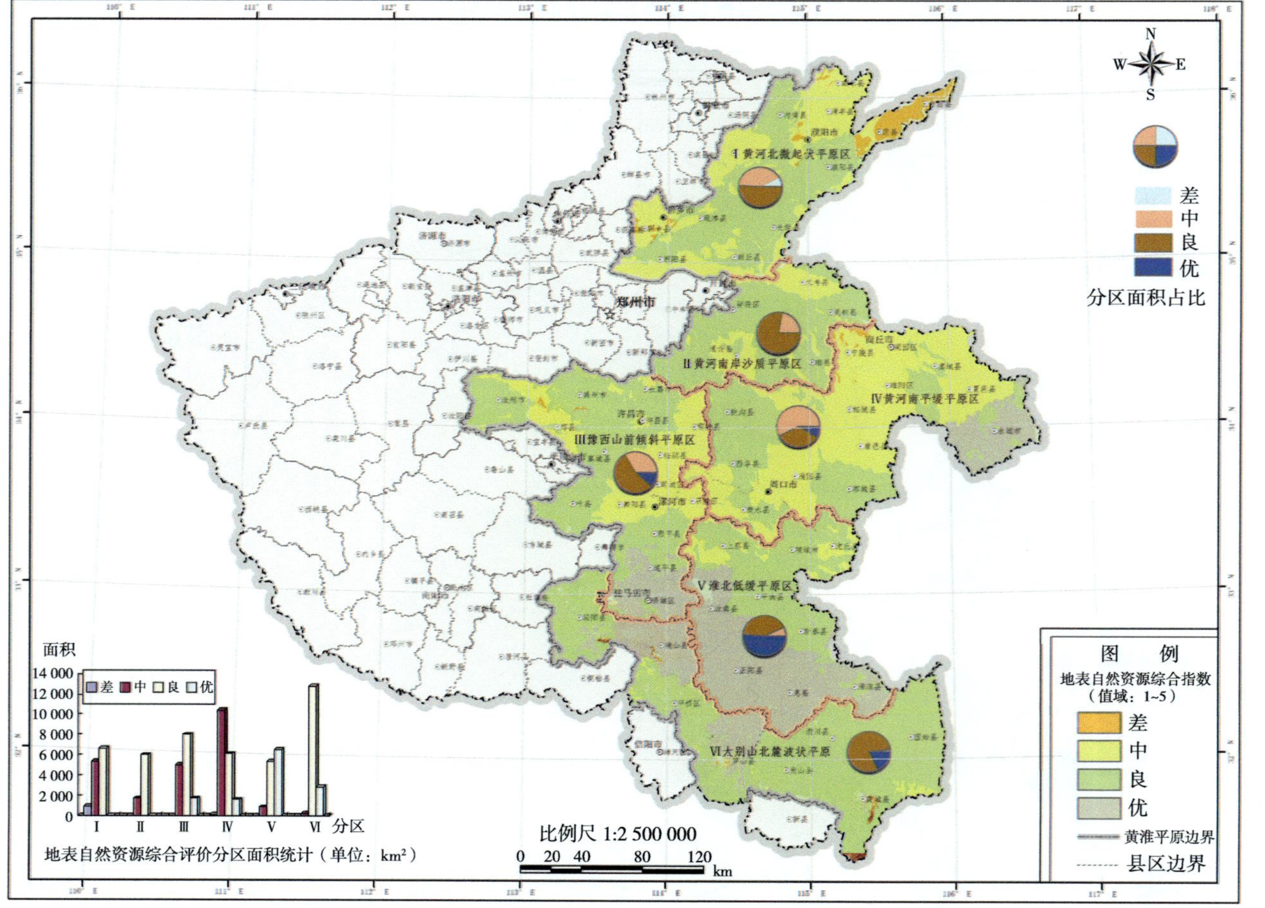

河南省黄淮平原地表自然资源分区综合评价